김정희,

국가 대표가 되다

탐 철학 소설 41

김정희, 국가 대표가 되다

초판 인쇄 2021년 5월 10일
초판 발행 2021년 5월 20일

지은이 박철상

편집 신정선, 김초록, 심상진
마케팅 강백산, 강지연
디자인 이정화
표지 일러스트 박근용

펴낸이 이재일
펴낸곳 토토북

주소 04034 서울시 마포구 양화로11길 18, 3층(서교동, 원오빌딩)
전화 02-332-6255 | 팩스 02-332-6286
홈페이지 www.totobook.com | 전자우편 totobooks@hanmail.net
출판등록 2002년 5월 30일 제10-2394호
ISBN 978-89-6496-429-3 44100
ISBN 978-89-6496-136-0 44100 (세트)

● 이 책의 사용 연령은 14세 이상입니다.
● 탐은 토토북의 청소년 출판 전문 브랜드입니다.

김정희,

국가 대표가 되다

박철상
지음

41
탐
철학
소설

탐

차례

에필로그

부록

우리 역사에서 19세기는 지금 우리 삶의 상당 부분이 배태된 시기이다. 따라서 19세기를 이해하는 일은 바로 지금 우리의 모습을 이해하는 길이 되기도 한다. 이게 바로 내가 19세기 조선의 학문과 예술을 연구하는 이유이다.

청소년들에게 19세기가 멀게 느껴질 수도 있겠지만 19세기는 먼 옛날이 아니다. 나의 할아버지가 태어난 때가 20세기 초반이고, 또 그분의 아버지, 할아버지께서 활동한 시기가 19세기이기 때문이다.

19세기 조선의 학문과 예술에 관해 연구하다 보면 늘 만나는 사람이 있다. 바로 추사 김정희 선생이다. 김정희 선생은 19세기 조선을 대표하는 학자이자 예술가이다. 따라서 그를 이해하는 일은 지금 우리의 모습을 이해하는 데 중요하다.

김정희 선생은 청나라의 학문과 예술을 받아들여 우리 것으로 만들고, 이를 다시 청나라에 전파했다. 대표적인 게 금석학이다. 당시 청나라에서는 조선의 금석문을 수집하고 연구하는 게 유행이었는데, 김정희 선생이 선두 주자가 되어 새로운 금석문을 발굴하고 연구해 청나라 지식인들에게 전했다. 그 결과 청나라의 수많은 지식인이 앞다퉈 조선의 역사책을 읽었다. 조선에서 온 금석문을 이해하기 위해서는 조선 역사를 알아야 했기 때문이다. 유사 이래 중국의 지식인들이 그때처럼 우리 역사를 자발적으로 공부한 때는 없었다.

〈세한도〉 역시 빼놓을 수 없는 김정희 선생의 작품이다. 〈세한도〉는 단순한 그림이 아니다. 중국에서 사라져 버린 화법을 연구해 그 비법을 터득한 다음 구현한 작품으로, 고증학이 그림에 적용된 사례다. 〈세한도〉는 청나라에 전해져 많은 학자의 환호를 받았고, 지금은 국보 180호로 지정되어 있다.

또 김정희 선생은 추사체라는 새로운 서체를 창안했다. 서예는 왕희지 이래 계속해서 중국에서 대가들이 출현했다. 우리 선조들 역시 이들의 글씨를 배우고 썼다. 그러나 김정희 선생은 오랜 연구 끝에 자신의 서체인 추사체를 개발해 청나라에 알렸다. 그 결과 많은 청나라 문인들이 김정희 선생의 글씨를 구해 집 안에 걸어 두었다.

당시 청나라 지식인들은 김정희 선생과 교유하기를 희망했고, 그와 인연을 맺기 위해 많은 노력을 기울였다. 지금의 문화 한류에 버금가는 학문의 한류를 일으킨 조선의 국가 대표였던 것이다. 바로 이런 점 때문에 나는 김정희 선생에게 매료됐다. 그는 우리 역사에서 한 번도 존재한 적이 없던 유형의 인물이었다.

한국은 자원이 풍부한 나라도, 인구가 많은 나라도 아니다. 따라서 외래문화를 받아들여 우리 것으로 만든 다음 우리만의 독특한 문화를 만들어 왔다. 즉, 숙명처럼 받아들여 온 외래문화는 우리 삶의 동력이자 지식의 젖줄이다.

이는 지금도 마찬가지고, 후대에 이르러서도 똑같을 것이다. 그렇기 때문에 외래문화를 어떻게 받아들일지가 중요한 문제가 된다. 김정희 선생은 우리가 외래문화를 어떻게 수용해야 하는지 그 전범을 그의 삶을 통해 보여 줬다. 나는 이 책에서 김정희 선생의 그러한 노력들을 설명하고자 했다.

탐 출판사로부터 청소년에게 김정희 선생을 쉽게 소개할 수 있는 책의 집필을 요청받고 망설였다. 청소년이 김정희 선생을 이해하는 데는 너무나 많은 지식이 요구되는데, 이를 전달하기가 쉽지 않기 때문이었다. 게다가 소설 형식의 집필도 어려운 도전이었다.

그때 한 고등학생을 만났다. 이 책에 등장하는 푸르메라는 학생이다. 나는 푸르메에게 이 책의 집필에 대해 이야기하며 여행을 제안했다. 함께 예산에 다녀왔고 북한산에 올랐으며 과천 추사박물관을 구경했다. 푸르메를 통해 청소년의 눈높이를 맞추려고 노력했다.

이 책의 부족한 부분은 탐 출판사의 신정선 선생이 보완해 주었고, 김초록 선생, 심상진 선생이 다듬어 주었다. 감사의 마음을 전한다. 대학생이 된 푸르메에게도 고마운 마음을 전한다.

2021년 5월, 수경실에서

프롤로그

옛것을 사랑하는 사람들

고등학생인 푸르메는 또래와 조금 다르다. 그 흔한 휴대 전화도 없고 컴퓨터 게임도 하지 않는다. 대신 푸르메는 우리 역사에 관심이 많다. 역사책 읽기를 좋아하고 역사 현장 답사가 취미일 정도이다. 한자로 쓰인 책도 곧잘 읽는다. 그래서 종종 친구들의 한자 선생님이 되곤 한다.

"푸르메, 이거 무슨 한자야?"

한 친구가 푸르메에게 '鬱(울)'이라는 한자를 들고 왔다.

"이건 '빽빽하다'는 의미의 '울' 자야. 숲이 울창하다는 뜻이지. 울릉도의 '울'에 이 한자를 써. 또 '답답하다'는 뜻도 있어. 우울하다고 할 때 이 한자를 쓰지."

"그러고 보니 글자가 답답하게도 생겼네. 이거 어떻게 써? 너무 어려워."

푸르메는 한 획씩 천천히 알려 줬다.

"넌 어떻게 한자를 잘 알아? 부모님이 가르쳐 주셨어?"

"아니야, 한자가 좋아서 혼자 책 보고 공부했어."

"한자가 좋다고?"

"응, 재미있어. 한자로 쓰인 글을 보면 신기하고."

"와, 난 네가 신기하다. 도대체 한자가 뭐가 재밌어? 머리만 아픈데……."

"하하, 익숙해지면 재미있어."

평소처럼 역사책에 푹 빠져 있던 푸르메는 갑자기 옛사람들이 읽던 책이 궁금해졌다. 푸르메는 자리를 박차고 일어나 집에서 가까운 수원의 한 박물관으로 향했다.

박물관에는 옛사람들이 읽던 다양한 책이 전시되어 있었다. 그러나 유리창 너머 책은 만져 볼 수 없었고, 내용도 자세히 알 수 없었다. 푸르메는 퍼뜩 인사동을 떠올렸다.

'인사동에는 옛 책을 파는 고서점이 많다고 했지!'

며칠 후, 푸르메는 인사동으로 발걸음을 옮겼다. 하지만 그곳에서도 책을 만져 보는 일은 쉽지 않았다.

"학생, 그 책 함부로 만지면 안 돼요."

고서에 관심을 보이는 푸르메에게 서점 주인들은 단호했다. 푸르메는 어쩔 수 없이 책에 눈길만 보내다가 집으로 돌아갔다. 푸르메는 고서를 한 권만이라도 구하고 싶었다.

"엄마, 용돈 좀 주세요. 사고 싶은 책이 있어요."

"며칠 전에 용돈 줬잖니, 그걸로 사지 그러니."

"그 정도로는 살 수 없는 책이에요."

"무슨 책인데?"

푸르메는 엄마에게 그동안의 일을 자세히 전했다. 고서를 꼭 사고 싶다는 간절함을 내비치는 것도 잊지 않았다. 이야기가 끝나자 엄마는 선선히 용돈을 내주었다. 푸르메가 돈을 헛되게 쓰지 않는다는 사실을 잘 알고 있었기 때문이다. 책값을 마련한 푸르메는 주말이 오기를 손꼽아 기다렸다.

토요일 오후, 푸르메는 인사동으로 향했다. 지난번에 방문한 고서점부터 다시 찾아가 보았지만, 아직 문을 열지 않았다. 아쉬움을 뒤로 하고 다른 서점을 찾아보기로 했다. 그러다가 좁은 골목에 위치한 조그마한 고서점이 눈에 띄었다. 문을 열고 들어서자 서점 주인으로 보이는 젊은 아주머니가 컴퓨터 모니터에 눈을 고정한 채로 인사를 건넸다.

"어서 오세요."

"안녕하세요?"

어린 학생 목소리에 주인이 반사적으로 고개를 들었다.

"여기는 학생들 책 파는 곳이 아닌데……. 옛날 책을 파는 서점이거든."

"저도 알아요. 옛날 책을 사러 왔어요."

"네가 고서를 사러 왔다고?"

"네."

"뭐 하게? 전부 한자로 쓰였는데 읽을 수는 있어?"

"잘은 몰라도 조금은 읽을 수 있어요."

"대단하구나. 너처럼 어린 손님은 처음이라 신기해서 물어봤어. 무슨 책을 사고 싶니?"

"구경 좀 해 보고요."

"그래, 마음껏 구경하렴."

푸르메의 당돌한 답변에 서점 주인은 웃음 띤 얼굴로 이것저것 물었다.

"혹시 고등학생이니?"

"네, 1학년이에요."

"부모님이 고서와 관련된 일을 하시니?"

"아니요, 아빠는 엔지니어이고 엄마는 주부예요."

"여기 온 걸 부모님도 알고 계셔?"

"엄마가 책 사라고 용돈도 주셨어요."

"호호호, 네 부모님도 참 신기한 분들이구나."

푸르메는 주인과 이야기를 나누면서 이 책 저 책을 뒤적거렸다.

퀴퀴한 책 냄새가 콧속을 간지럽혔다. 푸르메는 그 냄새가 좋았다. 어릴 적 시골 외할머니 댁에서 맡던 냄새였다. 한지에 인쇄된 고서는 가벼웠다. 책장을 찬찬히 넘기던 푸르메는 사극 속 주인공이 된 듯한 기분에 휩싸였다.

그때 한 책이 푸르메의 눈길을 사로잡았다. 자세히 보니 율곡 이이가 쓴《격몽요결(擊蒙要訣)》이었다. 이 책은 어린이를 계몽하기 위한 일종의 학습서이지만 성인도 많이 읽었다고 전해진다. 그만큼 좋은 평가를 받아 온 책이다.

"저, 이 책을 사고 싶은데요. 얼마예요?"

"무슨 책이지?"

책을 받아 든 주인은 이리저리 살폈다. 푸르메는 그 짧은 순간에 별별 생각이 다 들었다. '너무 비싸면 어떡하지?' '깎아 달라고 해야 하나?' '혹시 팔지 않는다고 하면?'

"사실 이 책은 20만 원이 넘어.《격몽요결》은 여러 번 간행됐는데, 이건 200년 정도 됐거든. 하지만 너처럼 어린 학생이 고서가 궁금해서 찾아온 게 너무 신통해서 그 돈을 다 받을 수가 없구나. 선물하는 셈 칠 테니까 꼭 사고 싶으면 5만 원만 내렴."

푸르메는 흥분을 감추지 못하고 서점 주인의 말이 끝나기도 전에 큰 소리로 외쳤다.

"정말 감사합니다!"

푸르메는 큰 보물을 얻은 듯이 너무나 흥분됐다. 다음에 또 놀러 오라는 주인의 말이 귓가에 잘 들리지 않을 정도였다. 고서를 넣은 가방을 메고 집으로 향하는 푸르메의 발길은 하늘을 날 것처럼 가벼웠다. 집에 돌아오자마자 푸르메는 인사동에서의 일을 엄마에게 자세히 풀어놓았다. 그러고는 엄마와 함께 책을 펼쳤다. 입가에는 웃음이 떠나지 않았다. 들뜬 푸르메의 모습에 엄마 얼굴에도 흐뭇한 미소가 피어올랐다.

"이 책이 그렇게도 좋니?"

"네, 200여 년 전에 간행된 율곡 이이 선생님 책을 제가 가지고 있다는 게 실감 나지 않아요."

푸르메는 새벽이 될 때까지 책장을 넘기고 또 넘겼다. 조선 시대 책은 오늘날의 책과는 전혀 다른 모습이었다. 요즘 책은 왼쪽으로 책장을 넘기지만 옛날 책은 오른쪽으로 넘긴다. 또 표지와 함께 책장을 실로 엮었고, 책등은 표지로 감싸지 않고 겹겹의 책장이 그대로 노출되도록 두었다. 책장은 한 겹이 아니라 두 겹으로 된 종이를 사용했다. 글자를 새긴 목판에 먹을 묻힌 다음 종이에 찍어 내고, 제본 과정을 거쳐 어엿한 책 꼴을 갖추기까지 고서는 만드는 사람의 정성이 깃든 수제품이었다.

푸르메는 율곡 이이를 만나기라도 한 듯 《격몽요결》의 내용을 살펴보았다. 마침 집에 번역본이 있어서 옆에 두고 참고하며 읽어 갔다. 고서에는 끊어 읽는 구두점이 없어서 처음에는 눈에 쉽게 들어오지 않았지만, 천천히 읽다 보니 이해되기 시작했다. 조선 시대 사람들도 푸르메처럼 이 책을 읽었다고 생각하니 이상한 기분에 휩싸였다. 마치 옛사람과 얼굴을 마주하고 있는 듯했다.

푸르메는 매일같이 이런 생각에 잠기곤 한다. '왜 우리 문화재에 관심을 가져야 하는가.' '왜 우리가 역사를 배워야 하는가.' 등 이른바 역사 관련 문제다. 글을 곧잘 쓰는 푸르메는 각종 글짓기 대회에 나가 이런 주제로 글을 쓰기도 했다.

최근 유독 큰 상금이 걸린 글짓기 대회에서 입상한 푸르메는 상금을 어떻게 쓸지 고민하다가 일본 도쿄에 가 보기로 했다. 도쿄에 유명한 고서점이 있다는 이야기를 들었다. 일제 강점기에 일본인들은 우리나라 고서를 무더기로 가져갔다. 이는 푸르메의 가슴에도 가슴 아픈 역사로 새겨져 있었다. 어쩌면 그곳에 가면 잃어버린 우리 고서를 볼 수 있을지도 모른다.

방학을 맞은 푸르메는 일본행 비행기에 몸을 실었다. 사실 일본어를 잘 못하는 푸르메로서는 굉장히 부담되는 여행이기도 했다. 숙소와 일정을 거듭 확인했고, 목적지인 고서점 거리까지 가는 길은 하도 많이 찾아봐 외울 정도가 되었다. 그러고 나니 조금은 들뜬 기분이 들었다.

일본 공항에 도착한 푸르메는 먼저 숙소에 짐을 푼 다음 작은 가방 하나만 챙겨 도쿄 간다에 위치한 고서점 거리로 향했다. 일본의 고서점은 우리나라의 고서점과는 조금 다른 풍경이었다. 책들이 체계적으로 정리되어 있었고, 책마다 가격표가 붙어 있었다. 푸르메는 맘에 드는 서점에 들어가 주인에게 메모지를 건넸다.

'願見朝鮮古書(조선 고서를 보고 싶습니다).'

주인은 답은 하지 않고 한참이나 푸르메를 물끄러미 바라보고만 있었다. 일본에서는 우리나라 고서가 상당히 비싼 가격에 거래되는데, 외국에서 온 학생이 다짜고짜 그걸 보여 달라고 하니 퍽 난감했던 것이다. 잠깐 멈칫하던 주인은 푸르메를 데리고 2층 한쪽에 마련된 조선 고서 책장으로 안내했다.

일제강점기에 일본으로 건너왔을 것으로 추정되는 조선의 고서가 보였다. 깔끔하게 정리된 책들을 들춰 보던 푸르메의 마음에 안쓰러운 감정이 밀려왔다. 제자리를 벗어나 남의 나라에 오게 된 책들의 사정과 형편이 안타까웠다. 하지만 가격표를 보고는 너무 놀라서 살 엄두조차 낼 수 없었다. 인사동 고서점 책들 가격보다 몇 배나 비쌌다. 그렇게 한참을 둘러본 푸르메는 주인에게 고맙다는 인사를 건네고 서점을 빠져나왔다.

이후 고서점 몇 군데를 더 둘러본 푸르메는 한껏 무거워진 마음을 안고 숙소로 발길을 돌렸다. 오늘 본 고서들 가운데 굉장히 귀한 책이 있을 수도 있는데, 그 가치를 알아볼 수 없으니 답답할 만도 했다. 마냥 즐겁지 만은 않던 여행을 끝내고 돌아온 푸르메는 대학에 들어가 우리 문화재를 연구하겠다고 다짐했다.

우리 문화재에 대한 푸르메의 관심은 계속해서 이어졌다. 한번은 방학을 맞아 무턱대고 경주행 버스에 올랐다. 문화재 발굴 현장을 직접 보고 싶었기 때문이다. 신문에서 정보를 얻은 푸르메는 곧장 그 현장으로 찾아갔다. 작업 관계자들의 시선이 일제히 푸르메에게 쏠렸다.

"무슨 일이세요?"

"아……."

푸르메는 쉽게 입이 떨어지지 않았다.

"저기…… 발굴하는 거 좀 구경하면 안 될까요?"

"뭐라고요? 대학생이에요?"

"아니요, 고등학생입니다."

"여기는 아무나 와서 구경하는 데가 아니에요. 돌아가세요."

쉽게 포기할 수 없었던 푸르메는 다시 사정했다.

"저는 우리 문화재에 관심이 많은 학생입니다. 우리 문화재를 제 손으로 직접 발굴해 보고 싶어서 왔어요. 무슨 방법이 없을까요?"

당돌한 푸르메의 말에 당황한 기색을 보이던 현장 책임자는 잠깐 기다리라는 말을 남긴 채 사무실로 사라졌다. 그러고는 꽤 오랜 시간이 지난 후에 돌아왔다.

"학생의 열의가 가상해서 발굴 작업에 참여해도 좋다는 허락이 떨어졌어요. 우리가 지시하는 일만 해야 하고 절대로 함부로 나서면 안 됩니다."

"잘 알겠습니다. 감사합니다."

그날부터 푸르메는 발굴단 일원이 되어 현장을 지켜볼 수 있었다. 비중 있는 일이 주어진 건 아니지만 현장을 체험할 수 있다는 사실만으로도 너무나 신이 났다. 관계자들은 처음에는 푸르메를 이상한 눈으로 보았지만, 시간이 흐르면서 발굴에 관한 여러 이야기를 들려줬다. 발굴단에는 고고학 전공자도 많았는데, 푸르메 앞날에 도움이 될 만한 따뜻한 조언도 아끼지 않았다. 이 경험은 푸르메에게 아주 중요한 자양분으로 자리 잡았다.

서울로 돌아와 학교생활에 한창이던 푸르메에게 한 친구가 뜬금없이 물었다.

"너 추사 김정희 선생님에 대해 알아?"

"추사체를 만든 분이잖아. 금석학(金石學)[1]의 대가이시고."

"오!"

"또 국보 180호인 〈세한도〉도 그리셨지."

"못 하는 게 없는 분이구나."

"갑자기 김정희 선생님은 왜?"

"우리 아빠가 이번 주 토요일에 같이 강연 들으러 가자는데, 주제가 〈세한도〉래."

"나도 가고 싶다. 누가 강의하는데?"

"《세한도》[2] 저자라던대."

"아, 박철상 선생님! 꼭 한번 만나 뵙고 싶었는데."

"그분을 알아?"

"응, 그 책 읽어 봤거든."

푸르메는 그날 저녁 달뜬 마음으로 강연이 열리는 박물관 사이트에 접속해 참가 신청을 했다. 다음 날, 푸르메는 부푼 기대를 안고 강연장에 도착했다. 그곳엔 이미 100명이 넘는 청중들이 앉아 있었다. 푸르메는 맨 앞에 자리를 잡았다.

강연 내용은 김정희가 살던 당대의 시대적 배경, 연행(燕行)을 통해 이루어진 조선과 청나라 지식인들의 교유, 그리고 추사의 대표작인 〈세한도〉에 관한 것이었다. 푸르메는 강연 내내 충격에서 벗어나지 못했다. 그저 옛사람으로만 여겼던 김정희의 삶은 지금 우리 시대 지식인의 모습과 다를 바 없었다. 책을 통해 알게 된 지식을 강연을 듣고 나서야 제대로 이해하게 된 것 같았다. 그는 단순한 서예가나 학자가 아니라 동아시아 최고의 지식인이었다.

강연은 두 시간 조금 넘게 이어졌다. 푸르메는 강연을 들으며 왜 우리가 김정희를 연구하고, 또 그의 사상을 배워야 하는지 깊이 생각했다. 강연이 끝나자 청중들이 하나둘씩 자리를 뜨기 시작했다. 푸르메는 잠깐 망설이다가 이내 박 신생에게 다가갔다.

“선생님, 강의 잘 들었습니다.”

박 선생은 어린 학생이 다가와 인사하자 조금 당황해했다.

“어렵지 않았어요?”

“아니요, 재밌게 들었습니다.”

“대학생인가요?”

“고등학생입니다.”

“고등학생이요? 그럼 조금 어려웠을 텐데.”

“선생님께서 쓰신 《세한도》도 읽었어요.”

“정말요?”

박 선생은 웃음 띤 얼굴로 푸르메를 다시 바라보았다.

“우리 역사와 문화에 관심이 많군요?”

“네, 대학에 가서 깊이 있게 공부하고 싶어요.”

“그렇군요…….”

박 선생은 하고 싶은 이야기가 더 있는 듯했다. 하지만 박 선생을 기다리는 사람들로 주위가 북적였다.

"열심히 하세요. 기회가 되면 또 보죠."

"감사합니다!"

푸르메도 박 선생에게 묻고 싶은 게 많았지만 다음을 기약할 수밖에 없었다. 집에 돌아온 푸르메는 쉽게 잠을 이룰 수 없었다. 김정희라는 인물에 대한 궁금증이 점점 커져 갔다. '어떻게 조선 시대에 그런 세계적인 지식인이 탄생할 수 있었을까?' '도대체 김정희 선생님은 어떤 공부를 한 걸까?' '김정희 선생님은 왜 그렇게 연행을 하고 싶었을까?' 궁금증은 꼬리에 꼬리를 물고 이어졌다.

박철상 선생의 아버지는 한학을 공부하고 가르치는 한학자였다. 집에서는 책 읽는 소리가 끊이질 않았고, 책장에는 한문으로 쓰인 책이 가득했다. 그런 환경에서 자란 박 선생이 어려서부터 한문에 익숙한 건 당연한 일이었다. 그러나 박 선생은 대학에서 경영학을 전공해 졸업 후에는 은행원이 됐다.

하지만 운명처럼 박 선생은 다시 한문을 공부하기 시작했다. 낮에는 일을 하고 밤이면 책을 보고 주말에는 인사동을 비롯해 전국의 고서점을 다니는 게 어느새 일상이 됐다. 특히, 추사 김정희 선생 자료를 열심히 찾아다녔다. 처음에 박 선생은 자신이 이 연구에 빠져든 이유를 알 수 없었다. 다만 어릴 때부터 김정희 선생의 글씨가 무척이나 매력적으로 다가왔다. 그것이 박 선생을 김정희 연구가의 길로

끌어당겼을지도 모를 일이었다.

시간이 흘러 2002년, 박 선생은 인생의 큰 전환점을 맞이한다. 김정희 선생의 평전이 출간된 것이다. 아주 유명한 인물이 집필한 평전이었다. 박 선생은 책이 나오기가 무섭게 구입해 하룻저녁 만에 모두 읽었다. 그러나 박 선생은 책을 읽는 내내 묘한 답답함을 느꼈다. 역사적 오류도 문제였지만 가장 큰 문제는 김정희라는 인물과 김정희가 살았던 시대를 제대로 이해하지 못한 상태에서 책을 저술했다는 점이었다.

박 선생은 그 책의 문제점을 낱낱이 지적한 논문을 발표하기로 결심했다. 매주 금요일 저녁 서초동의 한 건물에서 10명~20명가량의 젊은 학자들이 모여 자신이 연구한 내용을 발표하는 모임이 있었다. 박 선생도 그 모임의 일원이었다. 그날도 10여 명의 학자들이 모여 있었다. 박 선생은 이 모임에서 〈완당평전 무엇이 문제인가?〉라는 글을 발표했다. 박 선생의 이야기를 경청한 학자들의 반응은 뜨거웠다.

다음 날 오후, 박 선생은 여느 때처럼 인사동으로 향했다. 자주 가던 한 고서점에 막 발을 들여놓은 참이었다. 그와 동시에 박 선생을 발견한 노년의 신사가 가볍게 눈인사를 하고 가방을 챙겨 떠났다. 박 선생과 안면이 있는 사람으로 그 역시 고서점을 운영하고 있었다. 박 선생을 알아본 서점 주인이 넌지시 말을 건넸다.

"박 선생, 금방 나간 분이 김정희 선생의 문집을 가지고 있던데."

"인쇄본인가요?"

"아니요, 필사본인데 상태가 아주 좋아요. 필요하면 연락해서 구입하세요."

박 선생은 바로 전날 김정희 선생 평전에 관한 비평 글을 발표한 터라, 그가 가지고 있다는 문집이 너무도 궁금했다. 다음 날 아침 일찍 박 선생은 고서점에서 마주친 노신사에게 전화를 걸었다.

"안녕하세요, 혹시 오늘 찾아뵈어도 될까요?"

"좋지요, 오세요."

볼 만한 책이 있다는 의미였다. 박 선생은 곧바로 집을 나섰다. 서점 입구부터 책이 수북이 쌓여 있었다. 그중 박 선생의 눈길을 사로잡은 건 어제 노신사 품속에 있던 책과 더불어 한쪽에 따로 정리되어 있는 한 무더기 책들이었다. 족히 70권~80권은 되어 보였다.

책을 꺼내 하나하나 살펴보던 박 선생은 숨을 제대로 쉴 수 없었다. 하나같이 너무나도 충격적인 내용이었다. 지금까지 단 한 번도 알려지지 않았던 김정희 선생의 저술을 비롯해 김정희 선생과 관련된 책들이었다. 가까스로 마음을 진정시킨 박 선생은 서점 주인과 치열한 흥정 끝에 양손 가득 책을 들고 나올 수 있었다.

집에 돌아온 박 선생은 책을 풀어놓고 자세히 살펴보았다. 김정희 선생의 업적을 새롭게 정리해야 할 만큼 아주 중요한 자료들이었다. 박 선생은 마음속으로 생각했다.

'김정희 선생님이 내게 보내주신 책들이구나.'

박 선생은 그 자료를 바탕으로 김정희 선생의 학문을 더욱 적극적으로 연구하기 시작했다.

지금도 박 선생은 주말이면 인사동에 나가 고서점에 들른다. 처음 고서점을 출입할 때에 비해 서점이 여럿 줄어들어 가슴이 아프지만, 그래서 더욱 인사동 나들이로 한 주를 마무리하려고 한다.

평소와 마찬가지로 토요일 오후가 되자 박 선생은 인사동의 한 고서점을 찾았다. 박 선생과 반갑게 인사를 나누던 주인이 특이한 학생을 만났다며 이야기를 꺼냈다.

"이제 고등학교 1학년인데, 우리 서점에 와서 가끔 고서를 사가요."

"고등학생이요?"

"그렇다니까요. 저도 의아해서 고서를 왜 사는지 물었더니, 그냥 좋아서 그런다고 하더라고요."

"부모님이 관련 학문을 연구하는 분들인가 보죠?"

"그것도 아니래요."

"참 독특한 학생이네요."

그 이야기를 들은 박 선생은 자신의 어린 시절을 떠올렸다. 박 선생 역시 고등학교 시절 청계천과 장안평의 고서점을 자주 방문했다. 박 선생은 안면도 없는 그 아이가 궁금해졌다.

“혹시 그 학생 연락처 있어요?”

“아니요, 휴대 전화가 없는 친구예요.”

“그럼 어떻게 연락하죠?”

“학생이 다시 저희 서점에 오면 만나 볼 수 있을 것 같은데요.”

“그럼 그때 제 연락처를 알려 주고 전화 한번 하라고 전해 주세요.”

“꼭 그럴게요.”

박 선생은 그 아이를 만나 이야기를 나누고 싶었다. 자신이 도움을 줄 수도 있다고 생각했기 때문이다. 그렇게 몇 달이 흘렀지만 아이에게서 연락은 없었다. 고서점에 들를 때마다 그 애가 다녀갔는지 물었지만, 그 뒤로는 서점에 오지 않았다는 대답만 돌아왔다.

해가 바뀐 어느 주말 오후, 박 선생이 인사동의 고서점을 다시 찾았다. 그러자 주인이 소리 높여 말했다.

“박 선생님 오셨군요! 이 학생이 바로 제가 이야기한 그 친구예요.”

“안녕, 반갑구나.”

“안녕하세요. 이푸르메입니다.”

"네 이야기는 많이 들었다."

"저도 선생님 말씀 많이 들었어요. 그리고 저 선생님을 뵌 적도 있어요."

"나를? 어디서?"

"박물관에서 〈세한도〉 강연하셨을 때요. 벌써 1년 전 일이네요."

"그랬구나! 아무튼 우리가 구면이라니 더 반갑다."

박 선생은 푸르메의 말에 기억을 더듬어 봤지만 좀처럼 그때 일이 기억나지 않았다.

"푸르메, 조금 이르긴 한데 밥 먹으면서 이야기 더 나눌 수 있을까?"

"그럼요!"

식당에 앉아 주문을 마친 박 선생과 푸르메는 본격적으로 대화를 이어 갔다. 박 선생은 푸르메에게 왜 고서에 관심을 가지게 됐는지, 부모님은 이에 대해 어떻게 생각하는지 조심스럽게 물었다. 푸르메는 자신의 이야기를 자세히 풀어놓았다. 박 선생과 푸르메는 비슷한 점이 많았다.

"넌 참 타고난 듯하구나."

"뭐가요?"

"네 또래는 역사에 관심 없는 애들이 많은데, 넌 좋아서 공부하고 있잖니."

"헤헤. 저는 역사가 너무 좋아요. 궁금한 것도 많고요."

"혹시 네가 학교 공부를 소홀히 할까 봐 부모님이 걱정하시지는 않니?"

"그래서 공부도 열심히 하고 있어요."

"아주 현명하구나. 푸르메가 대학을 졸업하고 나와 함께 연구할 수 있는 날이 오면 좋겠다."

이어서 박 선생은 푸르메에게 자신의 어린 시절 이야기를 들려줬다. 그리고 푸르메가 지금의 열정을 오래도록 간직하기를 진심으로 바라면서 흥미로운 제안을 하나 건넸다.

"푸르메, 내가 지금 책을 한 권 쓰고 있는데 좀 도와줄래?"

"무슨 책인데요?"

"중고생들에게 김정희 선생님을 소개하는 책이야."

"제가 뭘 도와드리면 돼요?"

"나랑 김정희 선생님의 발자취를 따라가 보자."

"답사 가는 거예요?"

"응, 첫 일정은 김정희 선생님 고택을 방문해서 그분의 체취를 느껴 보는 거야."

"좋아요! 언제 가는데요?"

"일단 부모님께 이야기하고 날짜는 차차 정해 보자. 내가 다시 연락할게."

이렇게 옛것을 사랑하는 두 사람이 추사 김정희 탐방의 첫발을 뗐다.

[1] 글자 그대로 금석(金石), 즉 쇠붙이와 돌에 새겨진 글자나 문양을 연구하는 학문이다. 역사 연구의 한 분야이기도 하고, 서예사 연구에서도 중요한 분야다. 중국에서는 청나라 때 가장 발전했고, 우리나라에서는 조선 시대에 추사 김정희가 본격적인 학문으로 정착시켰다.

[2] 이 책의 저자 박철상의 저서 《세한도》(2010, 문학동네)는 김정희의 〈세한도〉가 탄생하고 유전하는 과정을 고증적으로 밝힌 책이다.

1

별의 탄생: 19세기 조선을 만들다

토요일 아침, 핸드폰 알람이 요란하게 울리자 책을 보던 박 선생은 급하게 짐을 챙겨 집을 나섰다. 하늘은 맑았지만 찌는 듯한 더위에 얼굴은 절로 일그러졌다. 박 선생이 탄 택시는 20분도 채 지나지 않아 한남대교를 건너 서울역에 도착했다. 한참을 두리번거리던 박 선생은 푸르메를 발견하고는 반갑게 다가갔다.

"오랜만이구나!"

"선생님! 잘 지내셨어요?"

"그래, 일찍 나왔구나. 어서 열차 타러 가자."

두 사람은 KTX에 올라 나란히 앉았다. 푸르메의 얼굴은 기대감으로 상기되어 있었다.

"푸르메, 예산에 가 본 적 있니?"

"아니요, 사실 예산이라는 지명도 좀 생소해요."

"그럴 수 있지. 오늘 우리가 가는 예산에서 김정희 선생님이 태어났단다."

두 사람은 김정희 선생이 태어난 예산의 고택을 방문할 예정이다. 오늘이 박 선생과 함께하는 첫 번째 답사다.

"김정희 선생님이 지금의 서울에서 태어나신 게 아니었군요?"

"원래 선생님 부모님이 살던 곳은 한양, 오늘의 서울이었어. 그런데 김정희 선생님은 예산의 향저(鄕邸)[3]에서 태어났지. 여기에는 조금 복잡한 사연이 숨어 있어."

"그 사연이 뭔데요?"

"예산 향저는 김정희 선생님 증조부인 김한신(金漢藎, 1720~1758) 어른 때부터 살던 곳이야. 김한신 어른은 열세 살에 영조 임금의 따님인 화순옹주와 혼인한 다음 '월성위(月城尉)'에 책봉됐어. 영조 임금은 이들 부부를 아주 예뻐했지. 이들을 위해 53칸이나 되는 큰 집을 지어 줄 만큼 말이야."

"굉장하네요!"

"그런데 안타깝게도 김한신 어른은 아들을 낳지 못하고 서른아홉에 생을 마감했어. 슬픔을 이기지 못한 화순옹주는 2주 동안 단식한 끝에 남편을 따라가고 말았지. 그러자 경주 김씨 집안은 김한신 어른의 큰형인 김한정(金漢楨, 1702~1764) 어른의 셋째 아들 김이주(金頤柱, 1730~1797) 어른에게 그 뒤를 잇게 하고는 월성위 부부의 제사를 모시게 했어."

"그게 무슨 말이에요?"

"조선 시대에는 아들이 집안의 대를 이었지. 당연히 아들이 조상의 제사를 지내야 했어. 만약 아들이 없으면 친척 가운데 한 사람을 골라 양자로 삼았지."

"단순히 제사를 지내기 위해서요?"

푸르메는 제사 때문에 부모를 바꾼다는 사실이 쉽게 수긍되지 않았다.

"당시에는 제사가 무척 중요한 의식 중 하나였단다. 그래서 양자 제도가 낯선 일이 아니었지. 그런데 김이주 어른의 큰아들인 김노영(金魯永, 1747~1797) 어른 역시 아들을 낳지 못했어. 또다시 월성위 부부의 제사가 문제가 됐어. 한편 김이주 어른에게는 큰아들 말고도 아들이 세 명이나 더 있었어. 그중 넷째 아들이 바로 김정희 선생님 친부인 김노경(金魯敬, 1766~1837) 어른이야. 결국 김정희 선생님은 네 살 되던 해에 월성위 부부의 제사를 받들기 위해 김노영 어른의 호적에 양자로 올랐어."

"그럼 영조 임금이 김정희 선생님의 외가 할아버지가 되네요?"

"그렇지. 조선 시대 양자 제도 덕분에 자동으로 왕실 후손이 된 거야."

어느덧 KTX는 천안아산역에 들어서고 있었다. 두 사람은 KTX에서 내린 다음 예산행 열차를 타는 곳으로 걸음을 바삐 옮겼다. 20

분쯤 기다리자 예산행 무궁화호 열차가 도착했다. 다시 기차에 올라탄 두 사람의 눈길이 차창 밖으로 향했다. 바깥은 온통 초록빛이었다. 모내기를 끝내고 자리 잡은 벼가 서로 경쟁하듯 자라고 있었다.

푸르메와 박 선생이 이야기를 나누는 사이 열차가 예산역에 도착했다. 예산역은 아담했다. 역사 밖으로 나오자 누군가가 박 선생을 불렀다.

"박 선생님, 여깁니다!"

"잘 지내셨죠? 바쁘신데 역까지 나와 주셔서 감사합니다."

"아닙니다. 예산에 오셨으니 제가 안내를 해야죠. 그런데 이 학생은……."

"이 친구는 이푸르메입니다. 우리 역사를 좋아하고, 특히 김정희 선생님에 대해 궁금한 게 아주 많지요. 저와 같이 김정희 선생님 고택을 답사하려고 왔습니다. 푸르메, 인사드리렴. 예산 중학교에서 국어를 가르치는 표윤명 선생님이야."

"안녕하세요, 잘 부탁드려요."

"예산에 와 줘서 고맙구나!"

표 선생은 예산에서 나고 자랐다. 김정희 선생에 대해 꾸준히 연구를 해 왔고, 이를 바탕으로 소설을 쓰기도 했다. 예산에 관한 거라면 전문가 못지않아 박 선생은 연구 중에 예산에 관련된 내용이 나오면 자연스럽게 표 선생에게 도움을 청한다. 표 선생 역시 김정희 선생에 관해 풀리지 않는 부분이 있으면 박 선생에게 의견을 구한다. 그렇게 두 사람은 10년이 넘도록 인연을 이어 오고 있다.

푸르메와 박 선생이 표 선생 차에 올랐다.

“푸르메 또래가 김정희 선생님에게 관심을 갖기는 쉽지 않은데.”

“저는 원래 우리 역사와 문화에 관심이 많았는데요, 박 선생님 강의를 듣고 김정희 선생님에 대한 흥미가 생겼어요.”

“스승을 제대로 만났네! 자, 우리는 먼저 수덕사에 들를 거야.”

“고택이 아니고요?”

“응. 김정희 선생님의 글씨를 먼저 보고 싶지 않니? 수덕사에 김정희 선생님이 쓴 현판이 보관되어 있거든. 이전에는 선생님 고택 옆 화암사라는 절에 걸려 있었는데, 지금은 수덕사에서 관리하고 있지.”

주차장에 도착한 푸르메 일행은 차에서 내려 수덕사까지 10분쯤 걸어갔다. 깨끗한 공기 덕분인지 발걸음도 가벼워졌다. 일주문을 지나자 수덕사 전시관이 보였다. 작은 규모의 전시관에는 수덕사 관련 유물과 함께 김정희 선생이 쓴 〈무량수불(無量壽佛)〉 현판이 전시되어 있었다.

“김정희 선생님이 직접 쓰신 글자예요?”

“응. 그 글자를 나무판자에 새겨서 화암사에 걸었던 현판이야.”

“생각보다 큰데요?”

“그만큼 건물이 컸다는 얘기지.”

표 선생은 푸르메의 질문에 웃으며 답했다. 김정희의 글씨를 직접 보는 게 처음인 푸르메는 현판에서 눈을 뗄 수 없었다.

"이게 '예서(隷書)체'[4]라는 거란다. 추사체의 가장 큰 특징이 담겨 있지."

"지금까지 제가 본 글씨는 '해서(楷書)체'[5]나 '초서(草書)체'[6]였어요. 그것과는 느낌이 전혀 다르네요."

"우리나라 현판에 이런 서체가 등장하기 시작한 건 김정희 선생님 때부터야. 그 전에는 네가 말한 해서체나 초서체가 주류였지. 그만큼 추사체는 조선 시대 현판 문화에 큰 영향을 미쳤어."

전시관을 나온 일행은 대웅전에 들러 함께 사진을 찍으면서 추억을 쌓았다. 벌써 오후 1시를 넘어가고 있었다. 배가 출출해진 일행은 간단히 배를 채운 뒤 김정희 선생 고택으로 향했다. 나지막한 산들을 지나자 예산 읍내에서 멀지 않은 고택이 모습을 드러냈다.

고택 왼쪽에는 김정희 선생의 묘소가, 오른쪽으로는 월성위 부부의 묘소가 나란히 자리하고 있었다. 1977년에 중수된 고택은 깔끔하게 관리된 모습이었고, 마치 김정희 선생이 걸어 나올 법한 옛스러운 분위기를 자아냈다.

"여기가 김정희 선생님이 태어난 곳이군요!"

푸르메는 고택을 향해 뛰어가며 큰 소리로 말했다. 그러고는 뒤

따라 들어오는 박 선생을 향해 물었다.

"위인들은 태어날 때 뭔가 특이한 일이 있잖아요. 김정희 선생님은 없었어요?"

"당연히 있었지. 사람은 보통 엄마 배 속에서 열 달 정도 있다가 태어나잖아. 그런데 김정희 선생님은 무려 24개월이나 있었다고 해. 이건 후대에 만들어진 게 아니라 당시에 널리 퍼졌던 이야기야."

"와! 신기하네요."

"그뿐이 아니야. 김정희 선생님이 태어나자 마을의 우물물이 마르고 산속의 나무와 풀들이 시들었다가 다시 살아났다는구나. 산천의 정기를 모두 빨아들였다는 말이지."

"제가 그런 분이 태어난 곳에 직접 와 보다니!"

"또 이곳은 선생님이 어려운 일이 생길 때마다 내려와 쉬던 장소이기도 해. 그런데 자주는 못 오셨지. 정치적으로 어려운 상황에 처해 유배를 떠나 있는 시간이 상당했거든."

"무슨 일이 있었어요?"

"1830년의 일이야. 친아버지인 김노경 어른이 유배를 가게 됐어. 그 배경에는 정치적 투쟁이 있었고, 당시 김노경 부자와 척지던 안동 김씨 세력이 배후였지. 그들은 윤상도라는 인물에게 김노경 어른을 공격하는 상소를 올리게 했어. 처음에 헌종은 윤상도의 상소가 터무니없다는 이유로 그를 추자도로 유배했어. 하지만 상소는 계속해서 이어졌고 결국 헌종은 김노경 어른을 고금도로 유배하라고 명했지."

"아무런 증거도 없이 단순히 윤상도라는 인물의 주장을 바탕으로 그런 판결을 내렸다고요?"

"그런 셈이지. 다행히 김노경 어른은 3년 만에 석방됐어. 문제는 1840년에 안동 김씨 가문에서 김정희 선생님을 공격하기 시작한 거야."

"역시 정치적인 이유로요?"

"그렇지, 집안 내 세력 다툼이었어. 김홍근이라는 인물이 상소를 올려 10년 전 윤상도 상소 사건을 재조사해야 한다고 주장했어. 당시 김노경 어른은 이미 사망한 후였는데 말이야. 그러나 결국 윤상도를 잡아다 추국장을 열었고, 윤상도는 자신의 상소를 처음 작성한 사람이 바로 김정희 선생님이라고 거짓 증언을 했어."

"어떻게 그럴 수가 있죠?"

"김정희 선생님을 죄인으로 만들기 위해 온갖 술수를 쓴 거야."

"하……."

"상황이 심각해지자 김정희 선생님은 예산으로 내려왔어. 결국에는 한양으로 다시 압송되어 온갖 고문에 시달리다가 제주도로 유배됐지. 그러던 중 부인인 예안 이씨가 먼저 죽고 말았어. 그러니 김정희 선생님이 유배에서 풀려나 제일 먼저 예산을 찾았지. 선생님이 돌아가신 뒤에 묻힌 곳도 바로 이곳이야."

"선생님의 처음과 끝이 모두 여기에 있네요."

고택을 둘러본 푸르메 일행은 월성위 부부의 묘소와 김정희 선생의 묘소를 차례로 참배했다. 푸르메는 교과서에서나 보던 인물의 무덤 앞에 서 있다는 사실이 믿기지 않았다. 절을 올린 푸르메는 잠시 눈을 감고 김정희 선생의 억울함과 고통에 대해 생각했다. 그러고는 마음속으로 빌었다.

'김정희 선생님, 편히 쉬세요.'

푸르메 일행은 서둘러 발길을 돌려 화암사로 향했다. 화암사는 고택 뒤쪽에 위치한 절이다.

"본래 화암사는 김정희 선생님 집안의 원찰(願刹)이야."

"원찰이요?"

"응, 원찰은 원당(願堂)이라고도 하는데, 집안의 소원을 빌거나 조상의 명복을 빌기 위해 지은 절이지."

"개인 소유의 절이네요."

"그렇다고 할 수 있지. 이 절은 김한신 어른이 1752년에 중건했고, 김정희 선생님이 제주도에 유배 중이던 1846년에 또다시 중건했어."

"집안에서 아주 소중히 여겼던 모양이에요."

"그래서인지 화암사에는 김정희 선생님의 필적이 많았지. 안타깝게도 지금은 일부만 남았어."

언덕을 오르자 작은 절이 푸르메 일행을 반겼다. 화암사는 일반 절과는 달랐다. 제일 먼저 원통보전(圓通寶殿)과 추수루(秋水樓)이 눈에 띄었다. 추수루은 원통보전과 이어졌는데, 절에 딸린 건물이 아니라 시골에서 흔히 볼 수 있는 정자의 모습을 하고 있었다. 김정희 선생이 손님과 담소를 나누던 장소로 추정된다. 뒤편으로 대웅전과 약사전(藥師殿)이 자리하고 있었다. 다시 절 뒤쪽으로 가자 글씨가 새겨진 큰 바위가 모습을 드러냈다. 푸르메의 궁금증이 발동했다.

"이건 뭐라고 쓴 거예요?"

"〈시경(詩境)〉과 〈천축고선생댁(天竺古先生宅)〉이야."

"김정희 선생님 친필이에요?"

"명확한 기록은 없어. 우선 〈천축고선생댁〉은 김정희 선생님이 중국에 갔을 때 방문한 옹방강(翁方綱, 1733~1818)[7] 선생의 집에 걸려 있던 글의 일부야. 이건 틀림없는 김정희 선생님의 글씨라고 추정돼. 〈시경〉도 옹방강 선생과 관련된 문구인데, 이건 옹방강 선생의 글씨일 가능성이 커. 물론 김정희 선생님 친필일 가능성도 있지만."

"그런데 왜 절 뒤에다 이런 글을 새겼죠? 무슨 특별한 의미라도 있나요?"

"아주 중요한 의미가 있지. 먼저 〈시경〉에 대해 이야기해 보자. '시경'은 '시를 짓고 싶은 마음이 들게 하는 장소나 경치'를 뜻해. 중국 남송의 유명 시인인 육유(陸游)가 쓴 글씨가 유명하지. 당시 방신

유(方信儒)라는 학자는 유달리 육유를 존경했어. 그래서 육유가 쓴 '시경'이라는 글자를 자신이 부임하는 지역마다 돌에 새겨 놓았어. 그의 글씨가 후대에 전해지기를 바랐지.

옹방강 선생 역시 육유를 좋아했어. 육유 글씨의 '탁본(拓本)'을 벽에 붙이고 서재 이름을 '시경헌(詩境軒)'이라고 지었지. 그런 사연을 알게 된 김정희 선생님은 이 글씨를 화암사 뒤쪽 바위에 새기지 않았을까. 또 〈시경루(詩境樓)〉라는 글자를 써서 화암사에도 걸었어."

"그런데 탁본이 뭐예요?"

"돌이나 쇠붙이에 오래된 글자가 있으면 잘 보이지 않겠지? 이럴 때는 글자가 있는 부분에 종이를 붙이고 먹물 묻힌 솜뭉치로 그 위를 두드리면 글자가 종이에 찍혀 나와. 이런 방법이나 이렇게 찍은 종이를 탁본이라고 해."

"신기하네요. 이 〈천축고선생댁〉은 무슨 뜻이에요?"

"김정희 선생님이 청나라 수도 연경(燕京)[8]에서 옹방강 선생의 서재를 방문했을 당시에 중요한 자료를 여럿 살펴볼 수 있었어. 그중 하나가 〈상견동파구거사(想見東坡舊居士), 엄연천축고선생(儼然天竺古先生)〉이라는 대련(對聯)이었지."

"대련이요?"

"대구가 되는 한 쌍의 글을 말해. 중국에서는 대련을 건물 양쪽 큰 기둥에 걸었어."

“저도 본 적 있어요. 큰 중식당에 가면 두 기둥에 한자가 적힌 종이가 걸려 있잖아요.”

“그래, 그런 걸 대련이라고 해. 본래 ‘엄연천축고선생’은 당나라 유명 시인 왕유(王維)의 시에 나오는 구절이야. 여기서 ‘천축고선생’은 부처님을 가리켜. 그러니까 ‘천축고선생댁’은 부처님의 집, 즉 절을 뜻하지.”

“일종의 언어유희네요. 그런데 이런 게 왜 의미가 있어요?”

“그건 나머지 장소를 다 보고 나서 이야기하자. 모두 연결되어 있거든.”

이때 옆에서 잠자코 듣고만 있던 표 선생이 입을 열었다.

“이 뒷산은 오석산이야. 조금만 올라가면 김정희 선생님의 또 다른 글씨를 볼 수 있단다.”

“어떤 글자요?”

“〈소봉래(小蓬萊)〉라는 글자야. 푸르메는 봉래산이 금강산의 다른 이름이라는 사실을 알고 있니? 아마도 금강산처럼 경치가 아름답다는 의미로 쓴 게 아닌가 싶어.”

그러자 박 선생의 말이 이어졌다.

“〈소봉래〉를 그렇게 해석하기는 좀 어려울 듯해. 이 글자 역시 옹방강 선생과 관련이 있는데, 그분의 서재를 가리키는 이름에는 ‘소봉래각(小蓬萊閣)’도 있거든. 여기서 따왔다고도 할 수 있지. 아무튼 화암사 뒷산 여러 석각은 모두 그분과 관련이 있어. 종합하면, 김정희 선생님은 이곳을 자신의 스승인 옹방강 선생을 추모하기 위한 장소로 만들었다는 말이지."

박 선생의 설명에 표 선생도 고개를 끄덕였다.

"평범한 절이 아니라 스승을 추모하는 성지와 같네요. 이곳이 중요한 이유를 알 것 같아요. 그런데 김정희 선생님은 왜 옹방강 선생을 스승으로 모셨을까요? 그것도 외국인을 말이죠."

"하하, 푸르메는 궁금한 게 많구나. 이제 자리를 옮겨 이야기를 이어 가 볼까?"

산에서 내려와 다시 고택으로 향하던 푸르메 일행은 나무가 만든 그늘에 잠시 자리를 잡았다.

"푸르메, 명나라가 멸망하고 청나라가 세워지는 과정에서 우리 조선이 전란에 휩싸인 역사를 알고 있지?"

"정묘호란(1627)과 병자호란(1636) 말씀하시는 거죠?"

"그 과정을 다시 한번 짚어 보자. 먼저 일본이 조선을 침략하면서 1592년에 임진왜란이 발발했지. 이때 조선은 명나라의 도움으로 전쟁을 끝낼 수 있었어. 당연히 조선은 명나라에게 크게 고마워했고 두 나라 사이는 좋았지. 그런데 얼마 후 북쪽의 만주족이 세력을 규합해 후금(後金)이라는 국가를 세워. 이들은 세력을 키워 두 번이나 조선을 침략하는데, 그게 바로 정묘호란과 병자호란이지. 이때 후금이 조선을 침략한 이유는 다름 아니라 조선이 명나라와 연합하는 걸 막기 위함이었어."

"중국 내 세력 다툼에 우리가 희생양이 됐네요."

"맞아. 결국 조선은 후금의 맹렬한 위세를 이기지 못하고 항복했어. 이후 후금은 나라 이름을 대청(大淸)으로 바꾸고 얼마 지나지 않아 명나라마저 멸망시켰지."

"〈최종병기 활〉이라는 영화의 한 장면이 기억나요. 청나라가 조선에 쳐들어와서 사람들을 인질로 잡아가는 장면이 나오는데 끔찍했어요. 그 시대에 살았다면 저도 청나라를 원수로 여겼을 것 같아요."

"특히 명나라의 멸망은 중국과 조선 지식인들에게 큰 충격이었어. 무엇보다 조선 지식인들 사이에 청나라에 대한 증오감이 팽배했지."

"그런데 참 이상해요. 어떻게 원수인 청나라 사람이 스승이 되었죠? 지식인들의 생각이 변한 건가요?"

"시간이 흐르면 한 사회가 공유하는 문제의식도 변하기 마련이야. 우리 사회도 마찬가지잖아. 6·25 전쟁을 겪은 세대와 이후 세대는 북한을 바라보는 시각에 차이가 있잖아. 조선 사회도 18세기 후반에 이르자 청나라에 대한 생각이 조금씩 변했어."

"그렇군요."

"명나라가 공식적으로 멸망하기는 했지만 완전히 사라진 건 아니었어. 명나라를 되찾으려는 잔존 세력이 남쪽에 남아 있었지. 하지만 얼마 지나지 않아 그들마저 사라져 버렸고 청나라 정국도 점차 안정을 찾았어. 그러니 더 이상 명나라에 미련을 둘 필요가 없었지. 조선에서도 연행을 통해 청나라와의 교류가 빈번해지면서 적개심이 점점 사그라졌고."

"연행이라는 게 정확히 뭘 뜻하는 거예요?"

"아주 중요한 질문이야. 김정희 선생님을 이해하기 위해서는 연행과 북학(北學)을 잘 알아야 해. 먼저 연행은 '연경에 사신으로 간다'는 의미야. 청나라는 두 번에 걸친 침략 끝에 인조 임금의 항복을 받아 내고 조선과 조약을 맺었어. 그중 중요 항목이 명나라에 행하던 모든 조공을 금지하고 청나라에 조공을 바치는 일이었어. 또 임금의 아들이나 동생, 주요 대신들의 아들이나 동생을 볼모로 요구했지. 연행은 바로 청나라가 요구한 조공을 바치러 가는 일을 말해."

"완전 정치적인 성격이었네요."

"네 말대로 초기 연행은 정치적인 측면이 강했어. 보통 사신단의 수장은 왕실 사람이 맡았는데 일종의 인질이었고, 사신단은 청나라 황제의 눈치도 보고 청나라 관리들의 기분이 상하지 않도록 신중을 기했지. 청나라는 조선의 경제력을 완전히 통제할 목적으로 해마다 각종 명목을 붙여 수많은 조공을 요구했어. 나중에 조선은 조공 때문에 경제가 파탄 날 지경에 이르렀지."

"그런데 어떻게 조선의 지식인들이 청나라 지식인들과 가까워졌어요?"

"명나라가 완전히 멸망한 뒤로 청나라에서 요구하는 조공의 빈도와 수준이 줄어들었어. 청나라 내부에도 변화가 일었고. 청나라가 건국되는 과정에서 명나라의 많은 지식인들은 조정을 떠나 도망갔어. 무식한 오랑캐가 통치하는 조정에서 벼슬살이를 할 수 없다는 거였지. 청나라는 자신들이 오랑캐로 불리는 데 콤플렉스를 가지고 있었어."

"지식인이 없는 나라가 제대로 돌아갈 수 있어요?"

"청나라 황실도 고민이 많았어. 그러다 이 문제를 단번에 해결할 방안을 생각해 냈지. 바로 역대 중국 문헌을 정리하기 위한 엄청난 프로젝트를 계획한 거야. 《사고전서(四庫全書)》를 편찬한 일이 대표적이지. 무려 8만 권에 이르는 3458종의 서적을 정리하는 작업이었어. 역대 중국 서적을 체계적으로 정리한 반면 이들 서적 가운데 청나라를 비방하거나 폄하한 책을 색출해 불태워 버렸어. 다시 말해 청나라 중심으로 중국의 문헌을 정리했다는 의미야."

"부정적인 측면도 있지만 굉장히 큰 프로젝트이긴 했네요."

"명나라 지식인들이 이 소식을 듣고 청나라 조정으로 대거 모여들었어. 정치를 하는 게 아니라 자신들의 책을 정리하는 일이었으니 말이야. 이 프로젝트는 크게 성공했어. 덕분에 청나라는 건국한 지 100여 년 만에 문화 강국이 됐지. 게다가 경제적인 측면에서도 청나라는 날로 발전했어. 중요한 사실은 해마다 연행을 가던 조선의 지식인들이 이런 청나라의 변화를 목격했다는 거야."

"우리 조상들이 문화와 경제 방면에서 비약적으로 발전한 청나라를 일찌감치 알아차렸군요."

"백성들의 삶이 계속해서 팍팍해지던 조선과 달리 강성한 청나라를 보고는 동경과 호기심이 발동했지. 특히 사신단 수행원 중에는 젊은 지식인들이 있었는데, 이들이 청나라의 눈부신 변화에 주목했어."

"그래도 원수의 나라인데 쉽게 가까워지기는 어려웠을 것 같아요."

"조선에도 변화가 있었어. 당시 조선은 청나라 문물의 수용과 배척을 두고 갈팡질팡했어. 이때 정조 임금의 등극은 새로운 조선의 탄생을 알리는 신호탄이 됐지. 정조는 치밀한 준비를 거쳐 청나라 문물을 제한적으로 수용했어. 청나라 문물의 장점만을 주체적으로 수용하기 위해 무척 노력했지. 그 결과, 젊은 지식인들 사이에서 청나라 문물을 수용해 조선의 현실에 적용해야 한다는 '북학'이 하나의 흐름을 형성했어. 한마디로 북쪽, 청나라를 배우자는 거였지. 북학을 주도한 젊은이들은 병세(並世) 의식을 가지고 있었어."

"병세 의식이요?"

"병세는 '동시대'라는 뜻이야. 지금 청나라에 살고 있는 사람들에게 관심을 가진다는 말이지. 조선의 지식인들은 책을 통해 중국의 지식인들을 만나 왔어. 그들이 죽고 한참 지난 다음에야 조선으로 수입된 책을 통해서 말이야. 하지만 이제는 죽은 사람이 아니라 살아 있는 인물을 만나기를 바란 거야."

"살아 있는 저자를 만나고 싶다는 뜻이군요?"

"그게 병세 의식이야. 이런 생각이 북학으로 이어졌어. 당시 상당수 지식인은 이미 북학에 동조하고 있었고, 청나라 지식인들의 생활 방식까지 따라 했어. 청나라 지식인들이 읽는 책을 읽고, 그들의 글씨체를 따라 쓰고, 심지어 그들이 사용하는 문방구까지 똑같이 썼지. 이제 북학은 시대의 풍조가 되어 조선 지식인들의 생활 양상까지 바꾸기에 이르렀어."

"엄청난 변화네요. 이전에는 억지로 연행을 갔다면, 북학이 유행하면서부터는 서로 연행을 가려고 했겠어요?"

"요즘 학생들이 방학 때 어학연수나 배낭여행을 가는 것과 비슷해. 특히 정조 사후에는 북학이 더 빠르고 광범위하게 퍼졌고, 연행은 지식인들의 필수 코스가 됐어. 비로소 연행의 시대가 도래한 거지. 북학 역시 시대의 흐름이자 지식인의 척도가 됐어. 바로 이런 시대적 배경 속에서 김정희 선생님이 활동했어."

"아, 이제야 좀 알겠어요. 저는 김정희 선생님이 대단한 천재여서 많은 업적을 세운 줄 알았는데, 시대에 맞는 삶을 산 거군요."

"그렇지, 하지만 같은 시대를 살았어도 김정희 선생님처럼 많은 업적을 남긴 사람은 드물어. 결국 어떤 삶을 살지는 개인이 선택하는 거야. 선생님은 그런 시대적 상황에서 지식인이 어떻게 살아야 하는지에 대한 하나의 모범을 보여줬어."

"김정희 선생님이 최초로 청나라 지식인들과 교유한 건 아니죠?"

"선생님 이전에도 많은 선배들이 중국 지식인들과 교유했어. 연경에서 이뤄진 중요한 교유는 대부분 정조 임금이 세손에 책봉된 다음 일들이야. 이건 정조 임금이 세손 시절부터 청나라 문물에 관심이 많았다는 사실을 방증하는 것이기도 해."

"어떤 분들이 청나라 문인들과 교유했어요?"

"가장 중요한 인물을 꼽자면 담헌(湛軒) 홍대용(洪大容, 1731~1783)을 들 수 있어."

"학교에서 배웠어요. 실학자이면서 자전설을 주장했잖아요."

"홍대용 선생님의 연행은 아주 중요해. 그분과 청나라 문인들의 교유는 양국 문인 교유에 중요한 영향을 미치거든."

홍대용은 1766년 동지사 서장관[9]이 된 숙부 홍억(洪檍)을 따라 연행을 했다. 당시 서른다섯 살이었던 홍대용은 마음에 맞는 청나라 지식인을 친구로 사귀고 싶었다. 하지만 안타깝게도 홍대용이 연경에 도착해 만난 사람들은 대부분 장사치였다. 어쩌다 글 좀 읽은 사람을 만나도 변변치 못한 부류였다.

한번은 함께 연행을 간 이기성(李基成)이 망원경을 사기 위해 유리창(琉璃廠)에 갔다가 두 명의 청나라인을 만났다. 그들은 용모가 단정하고 문인의 기품을 풍겼는데 모두 안경을 끼고 있었다. 이기성이 이들에게 말을 걸었다.

"내가 잘 아는 사람이 안경을 구하는데 거리에서는 진품을 구하기가 어렵습니다. 그대 안경이 병든 눈에 잘 맞을 것 같으니 내게 파십시오. 그대는 새로 구하는 게 어렵지 않을 것 아닙니까?"

유리창은 우리나라 인사동 같은 곳으로 골동품과 책, 문방구를 파는 가게가 많아서 연경에 간 조선 선비들이 한 번쯤은 들러야 하는 장소였다. 이기성은 망원경을 사러 갔다가 청나라 선비들을 발견하고는 쓰고 있던 안경을 팔라고 한 것이었다.

황당해하던 그들은 처음에는 이기성의 요구를 거절했지만, 계속해서 부탁하자 한 사내가 안경을 벗어 주며 그냥 가져가라고 했다. 눈이 아픈 사람에게 안경 하나 벗어 주는 게 뭐 대수로운 일이냐는 것이었다. 사내가 발길을 돌리자 이기성은 자신이 경솔했다는 생각에 안경을 들고 쫓아갔다. 그리고 조금 전 자신이 한 말은 농담이라고 말하며 안경을 돌려줬다. 그러자 사내가 언짢아하며 말했다.

"이 안경은 하찮은 것이고 또 동병상련의 뜻으로 주었는데, 그대는 어찌 이처럼 좀스럽게 군단 말이오?"

이기성은 더 이상 이야기를 잇지 못하고, 그 사내에게 무엇을 하는 사람인지 물었다. 알고 보니 그들은 과거에 응시하기 위해 절강성(浙江省)에서 온 거인(擧人)[10]으로, 정양문(正陽門) 밖 건정동(乾淨衕)에 하숙하고 있었다.

이후 이기성은 홍대용에게 가 그들과 만난 이야기를 들려주며 화전지(花箋紙)를 달라고 부탁했다. 화전지는 화려한 문양을 찍은 종이로, 편지나 시를 쓰는 데 사용했다. 이기성은 당시 청나라에서 인기가 많았던 조선의 화전지를 그 선비에게 보답의 의미로 선물하고 싶었다. 나아가 홍대용에게 모두 괜찮은 선비로 생각되니 찾아가 만나 보라고 권유했다. 홍대용은 화전지 한 묶음을 건네며 그들에 대해 자세히 알아보고 자신에게 알려 달라고 말했다.

이기성은 그들의 숙소로 찾아가 화전지, 부채와 먹, 한약 등을 선물로 건넸다. 그들은 답례로 중국 부채인 우선(羽扇)과 붓, 먹, 담배 등을 선물했다. 만남을 마치고 돌아온 이기성은 그들의 외양과 말법이 아주 고결하다며 칭찬을 아끼지 않았다. 이에 홍대용의 마음이 움직여 내일 다시 그들에게 함께 가기로 했는데, 곁에서 이야기를 듣고 있던 김재행(金在行) 역시 즐거워하며 동행을 약속했다.

다음 날, 홍대용 일행은 천승점(天陞店)이라는 간판이 붙어 있는 여관 앞에 도착했다. 마부를 시켜 도착을 알리자 두 사람이 중문 밖으로 나와 맞이했다. 몸을 구부려 인사를 하는 태도가 아주 공손했다. 그들은 중국 풍속대로 홍대용 일행을 앞세워 안내했다. 일행은 자리를 잡은 다음 두 사람에게 이름과 나이를 물었다. 엄성(嚴誠)은 서른다섯이었고, 반정균(潘庭均)은 스물다섯이었다.

> 홍대용: 우리는 이공(李公)을 통하여 훌륭한 명성을 들었습니다. 또 시험 답안을 보았는데 문장이 훌륭하여 이공과 친구인 김생(金生)과 함께 찾아뵈러 온 것입니다. 당돌함을 용서하여 주십시오. 두 분의 고향은 절강성 어느 고을입니까?
>
> 엄성: 항주(杭州) 전당(錢塘)에 삽니다.
>
> 홍대용: 누각에 올라 물결 일렁이는 바다에 뜬 해를 구경하고 (樓觀滄海日)
>
> 엄성: 문에서는 절강의 조수를 마주한다(門對浙江潮).
>
> 홍대용: 이곳이 바로 그대의 고향입니까?
>
> 엄성: 그렇습니다.

홍대용은 엄성의 고향이 항주 전당이라는 말에 중국 당나라 시인 송지문(宋之問)이 지은 시 〈영은사(靈隱寺)〉의 한 구절을 읊었다. 그러자 엄성이 그 구절의 짝이 되는 다음 구절을 읊었다. 두 구절의 대구가 절묘하기로 이름난 시였다. 그렇게 이야기를 나누면서 두 사람은 점점 가까워졌다. 반정균은 김재행의 성이 김씨인 것을 듣고 물었다.

> 반정균: 당신은 귀국의 김상헌(金尙憲)을 압니까?
> 김재행: 김공은 우리나라의 재상입니다. 시를 잘 짓고 문장에도 뛰어나며 도학(道學)과 절의(節義)로 이름 있는데, 그대들이 8천 리 밖에 살면서 어떻게 압니까?
> 반정균: 그의 시구가 청나라 시집에 들어 있어 압니다.

반정균은 곧 곁방에 들어가더니 책자를 하나 가져왔다.《감구집(感舊集)》으로 청나라 초기 시인 왕사정(王士禎)이 명나라와 청나라의 모든 시를 모아 정리해 놓은 책이다. 김상헌이 청나라에 사신으로 갔을 때 지은 수십 수(首)의 시가 그 책에 실려 있었다. 이렇게 이야기가 진전되자 이기성은 먼저 돌아갔고, 남은 이들은 서로 말이 통하지 않아 필담(筆談)[11]으로 이야기를 이어 갔다.

> 김재행: 봄이 다 지나도록 숙소에 머물렀지만, 만나는 사람이라곤 모두 장사치뿐이더니 오늘 이렇게 말씀을 듣고 나니 깨우침이 아주 컸습니다.

엄성: 이미 서로 친구가 됐으니 형식적인 인사는 그만둡시다. 이후로는 마음속에 담긴 진심만을 이야기합시다.

김재행: 날이 늦었고 하인들이 돌아갈 것을 재촉하니 부득이 돌아가야겠습니다.

반정균: 그대의 하인들이 인정을 모르니 꾸짖어 쫓아 버리십시오.

반정균의 말을 듣자 모두 크게 웃으며 서로 잡은 손을 차마 놓지 못했다. 마침내 이별하고 집 밖으로 나오자 엄성이 다급하게 기다리라고 하더니《감구집》을 선물했다.

홍대용: 책을 가지고 가면 남들이 무어라 할까 두렵습니다.

엄성: 사 왔다고 하면 되지, 거리낄 게 뭐가 있겠습니까?

홍대용은 그 책에 김상헌의 시가 들어 있어 사신 일행에게 보이지 않을 수 없다고 생각했다. 홍대용은 김재행과 상의 끝에 마부 품속에 책을 넣어 관으로 돌아가게 했다. 북학이 유행하기 전이어서 책 한 권도 선물로 편하게 받지 못하던 시절이었다. 게다가 조선 지식인들은 김상헌의 시가 수록된 청나라의 책이 있다는 사실조차 까마득하게 몰랐다. 조선의 정보력이 얼마나 뒤처져 있었는지 알 수 있는 대목이다.

이날의 만남 이후 그들은 계속해서 모임을 가지면서 깊은 속내까지 털어놓는 친구가 됐다. 얼마 후 엄성과 반정균은 홍대용 일행에게 또 한 사람을 소개했는데 육비(陸飛)라는 선비였다. 이들은 연경에 머무는 동안 더욱 친밀한 사이로 발전했다.

사실 이들의 만남은 길지 않았다. 연경에 머무는 시간은 제한되어 있었기 때문이다. 하지만 홍대용 일행은 귀국 후에도 이들과 끊임없이 편지를 주고받으며 우정을 나누었다. 이들의 각별한 우정이 조선과 청나라 지식인들에게 소문났고, 많은 사람들의 부러움을 샀다. 이후 이들의 교유는 한중 지식인 교유의 모델로 자리 잡는다.

향후 엄성은 남쪽으로 낙향했는데 전염병인 학질에 걸려 객사하고 만다. 엄성은 홍대용이 보낸 편지를 가슴에 품고 조선의 먹 냄새를 맡으며 숨을 거두었다. 그의 형 엄과(嚴果)와 엄성의 아들은 그 전말을 자세히 적어 북경에 있던 반정균을 통해 홍대용에게 전했다.

소식을 접한 홍대용은 너무나 놀라고 애통해 어찌할 바를 몰랐다. 홍대용은 엄성을 위해 위패를 마련한 다음 향불을 피우고 제문을 지어 바쳤다. 그러고는 청나라 친구인 손유의(孫有義)에게 부탁해 8천 리 밖 엄성의 가족에게 애도의 글을 전했다. 그 글이 유족에게 전달된 날은 공교롭게도 엄성의 대상(大祥)일[12]이었다. 사람들은 홍대용과 고인의 마음이 통했다고 여겨 홍대용의 제문을 읽어 망자의 영혼을 달랬다. 이 일화는 널리 퍼져 중국 강남[13]의 선비 중에 두 사람의 교유를 칭찬하지 않는 사람이 없었고, 후대에 이르러서도 양국 지식인들의 심금을 울렸다.

한참 홍대용의 연행 이야기에 빠져 있던 푸르메가 다시 질문했다.

"지금 들어도 정말 감동적인 우정이네요. 그럼 김정희 선생님은 홍대용 선생님을 통해 연행을 알게 됐어요?"

"아니, 김정희 선생님은 홍대용 선생님이 돌아가시고 얼마 뒤에 태어났어. 하지만 두 집안은 아주 가까운 사이였어. 김정희 선생님이 김노영 어른의 양자라고 했지? 김노영 어른은 남양 홍씨 홍대현 어른의 딸과 결혼했어. 홍대현 어른이 바로 홍대용 선생과 6촌 사이야. 그러니까 홍대용 선생님은 김정희 선생님의 외가 할아버지인 셈이야."

"대단한 인연이네요."

"김정희 선생님에게 직접 영향을 준 사람은 박제가 선생님이야. 김정희 선생님의 가정 교사였거든."

표 선생이 말을 덧붙였다.

"《북학의(北學議)》를 지은 분이죠?"

"맞아. 소문난 중국통으로 청나라를 네 번이나 다녀왔고, 현지 친구들도 아주 많았어. 아마 옹방강 선생에 관한 정보도 박제가 선생님에게 들었을 거야. 박제가 선생님은 청나라 문물을 수입하는 데도 적극적이었어. 이 때문에 '당괴(唐魁)'로 불리기까지 했지. 중국에 미친 사람이라는 비아냥거림이었어. 하지만 박제가 선생님의 주장은 정조 임금에게도 영향을 줬어. 개인적 차원의 주장이 아니라 국가 정책에 반영했다는 점에서 중요한 의미가 있지."

"박제가 선생님은 왜 그렇게 중국에 빠져 있었어요?"

"출신이 좋지 않았거든. 조선은 철저히 양반 중심의 사회였잖아. 양반이라고 해도 정실 부인의 소생이 아니면 벼슬하기가 어려웠어. 첩이 낳은 자식인 서출(庶出)일 경우 그 자손들 역시 서출 취급을 받았지. 박제가 선생님이 그런 경우였어."

"가슴 아픈 이야기네요."

"그런데 박제가 선생님 인생의 전환점이 되는 사건이 발생해. 1776년에 유금(柳琴)이라는 분이 사은부사 서호수(徐浩修)를 따라 연경에 가게 됐는데, 이때 박제가, 유득공(柳得恭, 1748~1807), 이덕무(李德懋), 이서구(李書九)의 시를 각각 100수씩, 총 400수를 실어 만든 시집 《한객건연집(韓客巾衍集)》을 가져갔어. 그리고 연경에서 청나라의 문인 이조원(李調元)과 반정균을 만나 시집에 대한 그들의 서문과 비평을 받아 귀국했지."

"박제가 선생님이 청나라에 소개되었네요."

"이후 연경 문사들 사이에서 선생님의 명성이 알려졌지. 박제가 선생님은 자신을 알아주는 이들이 있다는 사실에 무척 흥분했지. 그리고 신분이 좋지 않으면 과거를 볼 수 없는 조선과 달리 청나라에는 그런 제약이 없다는 것을 알게 되면서 그들의 학술과 문화에 관심을 가졌어."

"자신을 인정해 주는 나라니까 말이죠."

"박제가 선생님은 《북학의》를 20대에 저술했어. 그만큼 가슴속에 쌓인 울분이 많았던 거지. 《북학의》는 단순히 청나라를 배우자는 주장이 아니야. 조선 사회에 내재된 모순과 부조리에 대한 개혁안이라고 할 수 있어. 청나라를 배워서 조선의 문제를 해결하자는 거지. 그래서 수레의 사용, 집을 짓는 데 벽돌을 사용하는 기법, 문신들의 외국어 학습 등 아주 다양한 문제를 다뤘어. 주로 민생에 관한 내용이었어."

"20대에 그런 책을 쓰다니!"

"유득공 어른 역시 기억해야 해. 이분이 《발해고(渤海考)》를 지은 걸 알고 있니? 유득공 어른 역시 《한객건연집》에 시가 실리면서 중국에 알려졌지. 조선 후기 학술사에서 아주 중요한 위치를 차지하는 분이야. 특히 《발해고》와 《사군지(四郡志)》를 편찬한 역사학자로 주목을 받았지.

최근에는 고대 우리 영토였던 중국의 동북 지역을 자신들의 역사로 편입하려는 중국의 동북공정(東北工程)이 사회적 이슈로 부각되면서 더욱 유명해졌어. 《발해고》가 중국의 동북공정에 큰 걸림돌이 됐거든. 200년 전에 후손들이 겪게 될 고초를 예견이라도 한 듯이 당시 아무도 관심을 두지 않았던 발해의 역사를 연구해 우리 역사에 편입해 놓았어."

"신기한 일이네요."

"유득공 어른의 학문은 김정희 선생님을 통해 계승되는 측면도 있어."

"어떤 점에서요?"

"유득공 어른은 특히 고대사 연구를 많이 했어. 그 성과는 훗날 김정희 선생님의 금석학 연구에 많은 영향을 줘. 우리나라의 금석문(金石文)[14]을 연구할 때 유득공 어른이 남긴 저술들을 참고하거든."

"두 분 사이에 그런 인연이 있군요."

"또 유득공 어른의 아들과 김정희 선생님은 친구 사이였지."

박 선생이 유득공과 완원(阮元, 1764~1849)[15]의 인연에 대해서도 들려주었다.

유득공이 연경에 사신으로 갔을 때의 일이다. 어느 날 유득공의 숙소로 두 사람이 찾아왔다. 완원과 유환지(劉鐶之)였다. 완원은 훗날 김정희의 또 다른 스승이 되는 학자다. 유환지는 청나라를 대표하는 서예가이며 학자인 유용(劉墉)의 조카이자, 김정희를 비롯한 조선의 문사들과 교유를 통해 우리나라 금석문 연구서인《해동금석원(海東金石苑)》을 편찬한 유희해(劉喜海)의 부친이다. 두 사람은 조선의 사신들이 묵는 숙소를 찾아갔지만 반기는 사람이 없어 이내 돌아가려던 참이었다. 이때 둘에게 관심을 보인 유득공이 말을 건넸다.

"캉(炕)[16]에 오르시죠."

"감사합니다. 지난해에 서길사(庶吉士)[17]로서 조선 사신들과 알게 됐는데, 그때 왔던 사람은 어찌 한 명도 오지 않았습니까?"

"꼭 다시 오는 건 아닙니다."

그중 하나가 자신을 완원이라고 밝히자 유득공은 청나라 학자 기윤(紀昀, 1724~1805)에게 그의 이름을 들었던 걸 기억해 냈다.

"혹시《거제고(車制考)》를 지은 분 아닙니까?"

"어떻게 저를 아십니까?"

"맞군요! 기윤 선생이 당신의 저술《거제고》를 무척 칭찬하셨습니다."

"부끄럽습니다. 그대의《이십일도회고시(二十一都懷古詩)》를 볼 수 있을까요?"

완원 역시 유득공의 이름을 들은 바 있었다. 특히 유득공이 조선의 옛 도읍지를 시로 읊은《이십일도회고시》는 연경의 지식인들 사이에 꽤 알려졌다. 완원은 그 책을 받고 싶었다.

"안타깝게도 지금은 제가 가진 게 없고, 한림(翰林) 웅방수(熊方

受)에게 한 부 있습니다."

"그럼 그쪽에 가서 찾아보겠습니다."

"이때 완원은 스물일곱 살의 젊은이였어. 유득공 어른은 훗날 청나라를 대표하는 학자로 성장해 김정희 선생님의 스승이 될 완원을 만나 그의 학문적 깊이를 칭찬하며 격려했지. 미래 김정희 선생님의 등장을 생각해 볼 때 이들의 만남은 정말 감동이지 않니?"

"가슴 벅찬 장면이에요. 여기까지 이야기를 들으니 김정희 선생님이 청나라에 연행을 가서 뭘 했는지 궁금해져요."

"그 이야기는 서울로 가는 열차에서 계속할까?"

어느덧 서울로 돌아갈 시간이었다. 푸르메 일행은 고택을 휘둘러본 다음 표 선생의 차를 타고 예산역으로 향했다.

"표 선생님, 오늘 고생하셨습니다."

"아닙니다, 박 선생님. 덕분에 저도 좋은 이야기 많이 들었습니다. 조심히 올라가십시오. 푸르메도 잘 가고. 다음에 또 보자."

"감사합니다. 선생님."

[3] 시골에 있는 집.

[4] 서체의 하나로 우리가 쓰고 있는 정자(正字) 이전의 서체.

[5] 예서에서 발전된 서체로, 지금의 정자체다.

[6] 흘림체를 가리킨다.

[7] 청나라의 학자로 벼슬은 내각학사(內閣學士)에 이르렀다. 자는 정삼(正三), 호는 담계(覃溪), 소재(蘇齋), 복초재(復初齋) 등을 썼다. 경학과 금석학에 뛰어났으며, 서화 감식에도 정통했다. 김정희의 스승으로서 청나라 학술의 정수를 전수했다. 글씨에도 뛰어나 조선에서 그의 서체가 유행하기도 했다.

[8] 오늘의 베이징.

[9] 동지사는 동지 무렵에 중국으로 보내던 사행단을 가리키는 말이고, 서장관은 사신 중에서 외교문서를 담당했던 직책을 말한다.

[10] 수험생.

[11] 말이 통하지 않거나 말을 할 수 없을 때 글로 써서 대화를 나누는 행위.

[12] 초상을 치른 뒤 두 돌 만에 지내는 제삿날.

[13] 중국의 양쯔강 남쪽에 있는 지방.

[14] 쇠붙이나 돌에 새겨진 글자나 문양을 가리킨다. 대표적으로 비석이나 종에 새겨진 글자와 문양을 들 수 있다.

[15] 청대 후기의 학자로 대학사(大學士)와 호광총독(湖廣總督), 태부(太傅) 등을 지냈다. 자는 백원(伯元), 호는 운대(芸臺)다. 그는 경사(經史), 수학(數學), 금석(金石), 교감(校勘) 등의 방면에 모두 조예가 깊었다. 특히 경학 연구에 있어서 《십삼경주소(十三經注疏)》, 《황청경해(皇淸經解)》 등을 편찬 및 간행해 학자들에게 큰 영향을 주었다. 또한 〈남북서파론〉과 〈북비남첩론〉은 김정희에게 영향을 주어 추사체 탄생의 결정적 계기가 되기도 했다.

[16] 중국식 온돌방.

[17] 중국 명·청 시대 한림원(翰林院)에 소속된 관직의 명칭. 새로 진사(進士)에 합격한 인물 중에서 학문이나 문장이 뛰어난 사람을 임명했다.

2

스승을 찾아서:
옹방강과 완원

푸르메와 박 선생은 서울로 가기 위해 아산행 무궁화호 열차에 올랐다. 예산의 산과 들은 참으로 얌전하다. 높지도 않고 낮지도 않다. 또 크지도 않고 작지도 않다. 약간은 지루한 것도 사실이다. 하지만 평화롭기 그지없다. 200년 전의 예산도 똑같았을 것이다. 자리에 앉기가 무섭게 푸르메의 질문이 시작됐다.

"김정희 선생님은 청나라에 가서 뭘 했어요?"

"그 전에 김정희 선생님의 청소년 시절을 이야기해 보자."

"왕실의 후손이 됐으니 부유한 환경에서 성장했겠죠? 또 공부만 열심히 하는 모범생이었을 것 같아요."

"당시 선생님 정도의 환경에 있는 양반들은 빨리 과거에 합격해서 출세하기 위해 노력했어. 유명한 스승을 찾아가서 성리학을 배우기도 하고. 소위 말해서 엘리트 코스를 밟는 거지."

"그런데 김정희 선생님은 좀 달랐어요?"

"김노영 어른에게 입양된 뒤로 한양에서 생활했는데, 유명한 스승을 찾아가 공부하는 대신 가정 교사를 들이거나 집안 어른들에게 배웠던 것으로 보여. 그리고 과거 공부에 그다지 관심을 두지 않았어."

"요즘 같으면 학교 공부에는 별 관심이 없던 학생이었네요."

"그런 셈이지. 오히려 제자백가 학문에 관심이 많았어. 제자백가는 유가 이외의 학문을 말해. 노자나 장자, 불교 같은."

"소설이나 다른 책을 보는 일에 관심이 더 많았군요!"

"선생님은 그림에도 아주 관심이 많았어. 선비들이 즐겨 그리던 문인화를 좋아했지. 사군자 같은 그림으로 특히 난초 그리는 데 열성을 쏟았어. 그래서 부모님이 걱정이 많았지. 생부인 김노경 어른은 이런 아들에게 편지를 보내 과거 공부에 힘쓰라고 꾸중하기도 했어."

"와, 요즘 우리와 똑같네요!"

"하하하, 맞아. 친구들과 놀러 다니면서 시를 짓고 그림 그리는 게 일상이었어. 그렇게 세상의 여러 학문과 예술에 관심을 두고 활동했고, 자연스럽게 연행에도 눈길을 두었지. 그러던 중 옹방강 선생에 대해서도 관심을 가지게 됐어. 당시에 옹방강 선생은 이미 조선에 잘 알려져 있었어. 박제가 선생님과도 친분이 있었고."

"박제가 선생님과 옹방강 선생이 만난 적이 있어요?"

"박제가 선생님이 1801년에 세 번째 연행을 갔을 때 만났어. 당시 김정희 선생님 나이는 열여섯 살이었지. 그 무렵에 옹방강 선생에게 관심을 가졌을 거야."

"박제가 선생님이 무슨 말을 해 줬을까요?"

"옹방강 선생에 대해 자세하게 말했겠지. 그 뒤로 김정희 선생님은 한 번도 만난 적이 없는 옹방강 선생을 꿈에서 보기도 했으니까."

"평소에 얼마나 생각했으면 꿈에서까지! 왜 그렇게 관심을 가졌어요?"

"옹방강 선생은 당시 글씨를 잘 쓰기로 이름난 인물이었어. 또 수집가로도 유명했는데, 중국의 서화와 금석문을 많이 가지고 있었지."

"김정희 선생님이 흥미를 보일 만한 이야기들인가 봐요."

"그 뒤로 선생님은 옹방강 선생의 글씨나 책 등을 가리지 않고 뭐든지 수집해 한방에 모아 뒀어. 그 방의 이름이 '보담재(寶覃齋)'야."

"무슨 뜻이에요?"

"'보담(寶覃)'은 '담계(覃溪)를 존경한다'는 의미야. 담계는 옹방강 선생의 별호이고. 그러니까 옹방강 선생을 존경한다는 뜻이지."

"친구들이 좋아하는 연예인에 관련된 물건을 수집하는 거랑 비슷하네요."

"그 대상은 좀 다르지만 그런 셈이지. 요즘 말로 옹방강의 열성 팬이었지."

"실제로 엄청 만나고 싶었겠어요."

"그런 김정희 선생님의 마음을 잘 보여 주는 시가 있어."

흔쾌하게 드는 특별한 생각　慨然起別想
중국서 날 알아주는 친구를 사귀고 싶네.　四海結知己
마음이 맞는 친구 만날 수만 있다면　如得契心人
그를 위해 죽을 수도 있을 듯하네.　可以爲一死
청나라 연경에는 명사가 많다는데　日下多名士
참으로 부럽기 그지없구나.　艶羨不自已

"연경에 가서 친구를 사귀고 싶은 마음이 엄청 컸네요. 홍대용 선생님과 비슷해요."

"날이 갈수록 연행에 관심이 많아졌고, 옹방강 선생에 대해서도 모르는 게 없을 정도였어."

"옹방강 선생을 만나러 간 건 언제예요?"

"스물네 살 때야. 선생님은 그해에 소과(小科)에 합격해 생원(生員)이 됐고, 생부인 김노경 어른은 동지사의 부사(副使)가 되어 연행을 가게 됐지. 김정희 선생님은 수행원 자격으로 아버지와 연경에 함께 간 거야."

"과거 합격 기념으로 해외여행을! 부럽네요."

"하하, 푸르메도 참."

아산역에 도착한 두 사람은 열차에서 내려 KTX를 타는 곳으로 이동했다. 7월의 무더위는 여전했지만 역사는 시원했다. 저 멀리 KTX의 머리가 보였고, 이내 푸르메와 박 선생의 발치에 다다랐다. 열차에 올라 자리를 찾아 앉자 푸르메의 질문도 계속됐다.

"김정희 선생님은 왕실 사람이나 마찬가지잖아요. 과거에 합격했을 때도 특별 대우를 받았어요?"

"그런 건 아니지만 특별한 일이 있긴 했지. 1809년 11월 9일에 생원시 합격자를 발표했는데, 그때 순조 임금이 김정희 선생님에게 관심을 보여."

박 선생은 순조와 신하들의 대화를 소개했다.

"오늘 창방(唱榜)[18]은 모두 끝났느냐?"

"이미 끝났습니다."

"생원, 진사 모두 빠짐없이 들어왔느냐?"

"모두 들어왔으나 김정희 한 사람만 창방 이전에 아버지의 부사(副使) 행렬을 따라갔기 때문에 반주인(泮主人)[19]이 와서 백패(白牌)[20]를 받아 갔습니다."

"그럼 돌아온 뒤에 추가로 유가(遊街)[21]를 하느냐?"

"때가 지나면 따로 유가를 거행하지는 않습니다."

"김정희 선생님은 합격자 발표가 나기 전에 연행을 떠났네요?"

"사신단이 출발한 날은 10월 28일인데 김정희 선생님은 합격자 발표를 기다리다가 11월 1일에 출발했어. 그러고도 한참 지나서 합격자 발표가 났어."

"조선 시대에는 과거 합격자들이 광대를 데리고 풍악을 울리면서 거리를 행진했다던데, 김정희 선생님은 그 행사에도 참여하지 못했네요."

"그것보다는 하루라도 빨리 연경에 가서 옹방강 선생을 만나고 싶었을 거야."

"그럼 연경에 도착하자마자 옹방강 선생을 만났겠네요."

"그러고 싶었겠지. 하지만 상황은 그렇게 간단하지 않았어. 일단 시간이 많지 않았지. 사신단은 1809년 12월 24일에 연경에 도착하고 다음 해 2월 3일에 연경을 떠났어."

"그곳에 있었던 시간은 한 달 조금 넘네요."

"김정희 선생님이 가장 먼저 만난 이들은 조강(曹江), 이임송(李林松) 등이었어."

"옹방강 선생은요?"

"옹방강 선생이나 완원 선생을 만나기는 쉽지 않았어. 워낙 유명 인사였기 때문이지. 그 대신 새로 사귄 친구들이랑 하루하루를 즐겁게 보냈어."

"김정희 선생님은 중국어를 잘했어요?"

"말은 할 줄 몰랐어. 그래서 필담을 나눴지. 선생님의 필담 일부는 지금까지도 전해지고 있어. 그걸로 김정희 선생님의 연경 행적을 어느 정도 추측할 수 있어."

청나라의 몇몇 문인들은 김정희에 대해 알고 있었다. 그중 조강은 김정희가 청나라를 흠모한 나머지 연경에 와서 친구를 사귀려 한다는 소식을 이미 접한 바 있었다. 김정희의 첫 연행 당시 다섯 살 많았던 스물아홉의 조강은 김정희의 교유를 위해 많은 애를 썼던 것으로 보인다.

김정희는 연경에서 매일 친구들과 술을 마시고 그림을 감상했다. 하지만 연경의 인사들과 진중한 이야기를 나눌 수 있는 기회는 점점 더 멀어져 갔다. 더욱이 돌아갈 날은 다가오는데 옹방강을 만날 방법이 없어 난감했다.

"제가 조선으로 돌아가기까지 4일~5일이 남았습니다. 저는 달리 바쁜 일이 없으니 날마다 모여도 됩니다. 그렇지만 형들은 매번 바쁜 일이 있으니 제가 더 이상 기다릴 수 없습니다. 일이 있어도 하루 정도 틈을 낼 수는 있을 테니 주야운(朱野雲)의 집이 여기에서 멀지 않으므로 한번 방문해 봅시다."

김정희는 연경에 와서 친하게 지낸 주야운을 귀국 전에 얼굴을 보고 싶었고, 완원과도 만나고 싶었다. 하지만 역시 만나기가 쉽지 않았다. 그러던 중 완원을 만날 수 있다는 뜻밖의 소식이 전해진다.

"완원은 운대(芸臺) 선생이라 불리는데, 담계 옹방강 선생의 처소에 계십니다. 그대가 그분의 책을 가지고 있지 않다는 말을 듣고서 선물해 주셨는데 옹사형(翁四兄, 옹수배)[22]의 처소에 있습니다."

"완공(阮公)은 뵙고 싶었지만 연락할 인편을 찾지 못했습니다. 지금 한번 뵈면 아주 좋겠습니다."

"오늘 아침에 담계 선생의 처소로 오셨습니다. 생각해보니 지금은 떠나셨을 것 같습니다."

"어떻게 하면 뵐 수 있을까요?"

"조금 이따 옹사형과 상의해 봅시다."

"옹 선생님은 오늘 뵐 수 없겠습니까?"

김정희는 귀국 일자가 다가오자 초초해졌다. 그토록 소망한 옹방강과의 만남을 이루지 못하고 돌아가는 건 아닐지 걱정됐다. 그러다 완원이 옹방강 처소에 들른 사실을 알게 된 김정희는 옹방강 대신 완원이라도 만나고 싶었다. 그리고 그 바람은 곧 이루어졌다.

박 선생과 푸르메의 대화는 계속됐다.

"김정희 선생님에게는 두 명의 청나라인 스승이 있었어. 한 사람이 옹방강 선생이고, 또 한 사람이 바로 완원 선생이지. 완원 선생과의 만남은 김정희 선생님의 학문과 글씨에 아주 중요한 영향을 끼쳤어."

"혹시 김정희 선생님의 완당(阮堂)이라는 별호가 완원 선생과 관련이 있나요?"

"푸르메는 정말 똑똑하구나! 완원 선생을 존경한다는 의미로 '완당'이라는 호를 사용했어."

"존경심이 대단했네요."

"박제가 선생, 유득공 어른과 친분이 있던 완원 선생도 김정희 선생님이 연경에 왔다는 소식을 듣고 반가웠을 거야. 사실 완원 선생은 연경에서 멀리 떨어진 곳에 있었는데, 김정희 선생님이 연경에 도착하기 몇 달 전에 연경에 와 있었어."

"운이 좋았네요."

"완원 선생은 연경의 연성공저(衍聖公邸)에 머물면서 거실에 〈태화쌍비지관(泰華雙碑之館)〉이라는 현판을 걸고 지냈어. 이 집에서 훗날 조선과 청나라 문인들이 자주 모임을 가졌지."

"〈태화쌍비지관〉은 무슨 뜻이에요?"

"완원 선생은 금석문 연구 대가답게 자신의 거처에 두 개의 중요한 비석 탁본을 걸어 두었어. 하나는 진나라 때 태산(泰山)에 새긴 글자의 탁본이었고, 다른 하나는 한나라 때 화산묘비(華山廟碑)의 탁본이었지. 현판의 내용은 두 비석의 탁본이 있는 집이라는 뜻이야."

"김정희 선생님의 금석학 연구가 이렇게 시작됐군요."

"금석학뿐만 아니라 다양한 분야에서 완원 선생의 영향을 받았지."

"또 뭐가 있어요?"

"완원 선생은 연성공저에 방문한 김정희 선생님에게 차를 대접했어. 그 유명한 '용단승설(龍團勝雪)'이라는 차야. 선생님은 평생 이때 마신 차의 맛을 잊지 못하고 그리워했어. 훗날 김정희 선생님이 초의(草衣) 스님을 통해 조선에 차 문화를 유행시키는 데 중요한 계기가 된 일화야."

"와, 단 한 번 맛본 차가 우리나라의 차 문화에까지 영향을 줬다니."

"완원 선생은 또 김정희 선생님이 유교 경전을 연구하는 학문인 경학(經學)에 관심이 많다는 사실을 알고 여러 선물도 줬어."

"차 대접에 선물까지요? 정말 좋았겠어요."

"완원 선생의 입장에서도 아주 똑똑한 외국인 제자가 생겼으니 좋았을 거야.《연경실문집(揅經室文集)》6권,《십삼경교감기(十三經校勘記)》,《경적찬고(經籍纂詁)》, 자신의 거처에 걸었던 두 비석의 탁본까지 선물로 줬어. 게다가《정관동비(貞觀銅碑)》, 송나라 때 우연지(尤延之)가 소장했던《문선(文選)》같은 진귀한 자료들을 보여 주기도 했지."

"극진한 대접을 받았네요."

푸르메가 감탄했다.

김정희는 완원의 초상화에 글을 쓰는 영광까지 누렸다. 다음 날 김정희는 완원과의 만남에 대해 친구와 필담을 나눴다.

"어제 운대 선생을 뵈었는데, 그 도량과 풍모가 선생께서 소장하신 초상화와 꼭 닮았더군요. 운대 선생께서 작은 초상화를 꺼내더니 저에게 한마디 쓰라고 하셨습니다. 그래서 제가 글을 쓰게 됐습니다."

"뭐라고 쓰셨습니까?"

> 저는 선생님을 매우 존경하여 건물을 지은 다음 선생님의 인쇄된 초상화를 따로 보관했습니다. 그것은 절강학정(浙江學政) 당시의 제자들이 새긴 것입니다. 의연한 모습은 가을과 같고 따듯한 모습은 봄과 같았습니다. 얼굴에는 경서의 기운이 있었습니다. 선생님을 직접 뵙고 또 이 초상화 두루마리를 펴 보니 이 두루마리 초상화는 소한담아(瀟閒淡雅)하여 아주 고사(高士)의 풍치가 있습니다. 대개 선생께는 두 가지 모습이 있는데, 두 가지 초상화가 각각 그 하나씩을 잘 표현해 냈습니다.

처음 만난 조선의 청년에게 자신의 초상화에 글을 쓰게 한 일은 참으로 파격적이었다. 신뢰가 없었다면 가능하지 않았을 일이다. 이제 김정희는 옹방강을 만나기 위해 온 힘을 기울인다.

푸르메는 문득 의아함이 가득한 표정으로 물었다.

"옹방강 선생은 왜 김정희 선생님을 만나 주지 않았어요?"

"그분은 새해가 되면 낯선 사람을 잘 만나지 않았어."

"특별한 이유라도 있었나요?"

"일흔여덟이나 되는 노인이다 보니 몸이 편치 않았을 테고, 그러니 사람들을 만나는 게 힘들기도 했겠지. 또 조선에서 온 사신들이 글씨를 부탁했는데, 이런 요청들도 피곤했을 거야. 게다가 옹방강 선생은 새해에 특별히 하는 일이 있었어."

"그게 뭔데요?"

"금(金)물로 불경을 써서 법원사(法源寺)라는 절에다 시주를 했어. 불교 신자라서 그런 것도 있지만 불경을 쓰면서 마음을 정화하기 위함이었어. 1년 열두 달 가운데 한 달은 자신만을 위해 쓰면서 마음을 가다듬고 한 해를 어떻게 보낼지 생각했지."

김정희는 연경에서 사귀는 친구들에게 옹방강에 대해 묻곤 했다.

"선생께서는 옹공(翁公)이 어떤 분이라고 생각하십니까?"

"많이 공부하시고 옛 책을 많이 읽으신 분입니다."

"그분 글씨가 아주 고아(古雅)해서 제가 매우 존경합니다."

"그분은 남에게 글씨를 써 주지 않은 지 오래됐습니다. 다음에 천천히 도모해 보죠."

"글씨를 부탁하려고 하는 게 아닙니다. 저는 그분의 글씨를 많이 가지고 있습니다."

김정희는 새 친구를 사귈 때마다 더욱 열성적으로 옹방강과 아는 사이인지, 연락할 수 있는 방법은 없는지 물었다. 귀국 일자가 얼마 남지 않아 마음이 조급해졌고, 이임송에게도 편지를 보내 옹방강과의 만남을 주선해 달라고 부탁했다. 그 모습이 딱해 보였는지 이임송이 응답해 왔다.

심부름꾼이 와서 편지를 받았습니다. 어찌 그리 간절합니까? 저는 오늘 세속의 일에 얽매여 오셔도 이야기를 나눌 수 없습니다. 너무 서운합니다. 어제 숙소로 돌아가신 때는 늦은 시각이 아니었으리라 생각합니다. 옹 선생은 손님을 만나려 하지 않습니다. 29일에는 비록 새벽에 가시더라도 꼭 만난다는 보장이 없습니다. 형의 생각은 성원(星原)[23]에게 틀림없이 알리겠습니다. 그러나 저는 이렇게 생각합니다. 사람이 살면서 서로 알아 갈 때 서로 마음을 알아주는 게 중요하지 겉모습이 중요한 게 아닙니다. 만일 존대인(尊大人)[24]께서 꼭 한번 뵙고 싶으면 옥수(玉水)[25]와 상의하여 28일 미시(未時, 오후 1~3시)와 신시(申時, 오후 3~5시) 사이 법원사에서 이야기를 나눌 수 있을 듯합니다. 그 절의 승려가 옥수의 친구입니다. 그러니 반드시 옥수와 상의하십시오.

김정희의 간절함은 마침내 하늘에 닿았다. 이임송은 옹방강과의 만남이 확정됐다는 소식을 전해 왔다.

담계 선생님을 만날 수 있게 됐습니다. 다만 묘시(卯時, 오전 7~9시)로 기약했으니 내일 아침 일찍 와서 기다리시기 바랍니다.

1월 28일 새벽, 김정희는 부친과 함께 법원사를 찾았다. 혹시라도 옹방강을 만나지 못할까 봐 일찍 도착해서 묘시가 되기를 기다렸다.

한편 옹방강이 김정희 부자를 아침 일찍 보자고 한 이유는 따로 있었다. 그들이 만나 볼 만한 사람들인지 일종의 면접을 보려던 것이다. 김정희 부자는 통역관을 통해 자신들을 소개하고 얼마간의 대화를 주고받았다. 그리고 옹방강은 김정희 부자를 자신의 서재인 소재(蘇齋)로 초대했다. 송나라 때 문인이자 정치가였던 소식(蘇軾, 1037~1101)을 숭배한 옹방강이 그의 이름을 따서 지은 서재였다. 소식의 호는 동파(東坡)로, 우리에게는 소동파라는 이름으로 더욱 친숙하다. 옹방강은 소동파에 관한 것이라면 무엇이든지 구입하고 연구했다. 또 소동파의 생일인 12월 19일에는 수집한 자료들을 꺼내 그를 추모하는 제사를 지내고, 친구들과 함께 시를 지었다.

옹방강의 서재에 들어섰을 때, 가장 먼저 김정희의 눈길을 끈 건 〈파옹입극도(坡翁笠屐圖)〉였다. 소동파가 나막신을 끌며 걸어가는 모습을 그린 초상화다. 그 옆에는 옹방강이 쓴 대련이 걸려 있었다.

옛날의 동파거사 생각해 보니　想見東坡舊居士
엄연히 천축의 옛 선생이네　儼然天竺古先生

예산의 화암사 뒤쪽 석벽에 새겨진 〈천축고선생댁〉의 출처가 되는 대련이다. 옹방강과 김정희 부자는 자리를 잡고 필담을 나누었다. 김정희가 관심을 나타낸 분야는 경학이었다. 그는 평소 여러 경전에 관해 궁금했던 것들을 질문했다. 옹방강은 김정희에게 되물었다.

"경학에서는 어떤 경전을 중요하게 여기는가?"

"조선 사람들은 경학에서 오로지 송학(宋學)[26]을 공부합니다만 저는 늘《시경(詩經)》에 의문점이 있었습니다. 게다가 사서(四書) 가운데《대학(大學)》에 아주 큰 의문을 품고 있습니다."

"경학은 고금의 경전을 모두 공부해야 한다네. 위로는 한학(漢學)[27]까지 거슬러 가되 정자(程子)와 주자(朱子)를 배척하지 않는 게 제일 중요하지."

옹방강은 여러 귀중한 자료들을 찾아 보였다. 먼저 소동파가 직접 쓴《천제오운첩(天際烏雲帖)》을 펼쳤다. 우도원(虞道園)을 포함해 여러 명사의 감상평이 붙어 있는 귀중한 보물이었다. 또 소동파가 직접 쓴 〈언송도(偃松圖)〉의 찬문(贊文) 글씨도 있었고, 송나라 때 목판본으로 간행한 소동파 시집《시주소시(施注蘇詩)》도 볼 수 있었다.

김정희는 평생 그날의 만남을 가슴속에 품고 살았다. 소재의 물건들은 그의 일생에 깊은 영향을 줬다. 특히 〈언송도〉의 찬문은 훗날 〈세한도〉를 탄생시키는 계기가 됐다.

"선생님께서 직접 쓰신 〈보담재〉 세 글자와 〈유당(酉堂)〉 두 글자를 얻고 싶습니다."

"길이를 알려 주게."

보담재는 김정희의 서재 이름이고 유당은 부친인 김노경의 별호였다. 이렇게 해서 김정희 부자는 옹방강의 친필 글씨까지 얻어서 돌아왔다.

푸르메는 박 선생의 이야기를 숨죽이며 들었다. 잠시 이야기가 멈추자 푸르메의 질문이 이어졌다.

"김정희 선생님은 참 적극적이었네요."

"아주 활달한 성격에 지적 호기심도 강하고 당당한 분이셨어."

"어렵게 만난 만큼 많은 소득이 있었어요."

"중요한 건 선생님이 옹방강 선생을 만나기까지 엄청난 준비를 했다는 점이야."

"무슨 준비를 했는데요?"

"옹방강 선생의 친한 친구들 가운데 강덕량(江德量)이라는 사람이 있는데, 그분의 호가 바로 '추사'야."

"김정희 선생님이 일부러 따라 지었어요?"

"그렇지. 조선에서 온 젊은 친구의 호가 자신의 친구와 같으니까 아무래도 친근감이 들 수밖에 없잖아. 또 앞에서 이야기했지만 선생님의 서재 이름이 보담재잖아. 옹방강 선생을 존경한다고 대놓고 말하는 거나 마찬가지지. 이것만 듣고도 옹방강 선생은 호감이 생겼을 거야. 더구나 김정희 선생님은 자신의 막내 아들인 옹수곤과 동갑이었거든."

"또 어떤 게 있어요?"

"글씨도 따라 썼어. 옹방강 선생이 관심을 보일 수 있도록 경학에 관한 수준 높은 질문도 준비했지."

"예뻐할 수밖에 없었네요."

김정희는 옹방강과의 만남으로 연행의 피날레를 장식했다. 연경을 떠나기 전날에는 그곳에서 만난 여러 문인이 김정희를 위해 송별회를 열었다. 그중에는 옹수곤과 완원도 있었다. 이들은 김정희가 조선으로 돌아간 다음에도 교유를 계속하면서 김정희가 청나라의 학술과 문화를 연구하는 데 큰 도움을 줬다.

KTX가 서울역에 들어서고 있었다.

"푸르메, 오늘 답사 어땠니?"

"좋았어요. 배운 것도 많았고요. 특히 김정희 선생님이 외국인을 스승으로 모셨다는 사실이 충격적이었어요. 옹방강 선생을 만나기 위해 10년을 준비했고, 연경에 가서도 끈질기게 노력하는 모습이 감동적이었어요. 그런 자세가 김정희 선생님을 대가로 만든 힘인 것 같아요."

"푸르메가 많은 걸 깨달았구나. 나도 보람 있는 하루였다. 다음에는 김정희 선생님이 중요한 업적을 남긴 현장을 찾아가 보자."

"업적이라면 어떤 게 있어요?"

"푸르메는 김정희 선생님의 이름을 들으면 제일 먼저 뭐가 생각나니?"

"진흥왕순수비요. 〈세한도〉도 있어요."

"그것들도 중요하지. 그리고 또 하나 중요한 게 있는데 바로 추사체라는 독특한 글씨야. 먼저 북한산의 진흥왕순수비를 찾아보고, 추사체가 완성된 과천도 방문해 보자."

"와, 기대되는데요. 언제 갈 수 있어요?"

"내가 다시 연락하마."

"알겠어요, 선생님. 오늘 즐거웠습니다."

집으로 가는 푸르메의 발걸음은 어느 때보다 가벼웠다. '북한산에서는 또 어떤 이야기를 들을 수 있을까?' '추사체에 관해서는 무슨 이야기를 해 주실까?' 푸르메는 벌써부터 다음 약속 날짜를 세어 보았다.

[18] 과거 합격자 발표.

[19] 과거를 보기 위해 성균관 근처에서 묵던 집의 주인.

[20] 생원시, 진사시 합격자에게 발급하는 증명서.

[21] 과거 합격자들이 광대를 데리고 풍악을 울리면서 시가를 행진하던 일.

[22] 옹수배를 가리키는 것으로, 옹수배는 옹방강의 넷째 아들이다.

[23] 옹방강의 아들 옹수곤.

[24] 김노경.

[25] 조강.

[26] 주자학, 성리학이라고도 한다.

[27] 훈고학.

3

천년의 비밀을 풀다: 진흥왕순수비

알람이 한참 울리고 나서야 잠에서 깬 푸르메는 실눈을 뜨고 시계를 보다 벌떡 일어났다. 박 선생과 함께 북한산에 가기로 한 날이었다. 어젯밤 책을 보다가 너무 늦게 잠자리에 들어 하마터면 늦잠을 잘 뻔했다. 서둘러 집을 나선 푸르메는 인사동으로 향했다.

"푸르메, 벌써 왔구나."

"안녕하세요, 선생님."

"오늘은 북한산에 있는 진흥왕순수비를 보러 가기로 했지?"

"네, 어떻게 가야 해요? 여기서부터 걸어요?"

"산 아래까지는 택시로 가고 거기서부터 걸어가자."

택시에 오른 두 사람은 구기터널을 지나 북한산 아래에 위치한 한 마을에 도착했다. 두 사람은 천천히 발걸음을 옮겼다. 멀리 북한산의 한 봉우리가 보였다. 큰 바위로 이루어진 산봉우리는 등산을 시작하는 두 사람의 들뜬 마음을 차분히 눌러 주는 듯했다.

"푸르메는 북한산 처음 와 보지?"

"초등학생 때 아빠랑 온 적 있어요."

"진흥왕순수비를 보러?"

"네, 근데 힘들었던 기억만 나요."

"아빠가 억지로 데려왔던 모양이구나."

"헉! 어떻게 아셨어요?"

"뭐든지 하고 싶은 걸 할 때와 하기 싫은 걸 할 때의 마음가짐이 다른 법이지."

"오늘은 선생님과 함께 가니까 기대돼요."

"자, 그럼 천천히 올라가 볼까? 한 시간 정도는 걸린단다."

10월 초였는데도 햇볕은 여전히 따가웠지만 하늘은 맑고 높았다. 비봉 매표소에서 출발한 지 10분도 채 지나지 않아 벌써부터 두 사람은 힘든 기색이 역력했다. 잠깐 쉬기로 결정하고 물병을 꺼내 들었다.

"김정희 선생님이 북한산 비봉에 올라간 때는 1816년 7월이었어. 음력 7월이었으니까 지금보다 훨씬 더웠겠지."

"한여름이었군요."

"그때는 승가사(僧伽寺)라는 절에서 머물다가 출발했을 거야. 해가 질 무렵 비봉에 도착했다는 기록으로 보아 아무래도 한낮의 더위를 피해서 늦은 오후에 올라가신 듯해. 참, 선생님이 쓰신 글 중에 '호고유시수단갈(好古有時搜斷碣)'이라는 구절이 있단다."

"무슨 뜻이에요?"

"'나는 옛것이 좋아 때로는 깨진 빗돌을 찾아다녔다'라는 뜻이지. 김정희 선생님의 젊은 시절을 나타내는 말이야."

"왜 깨진 빗돌을 찾아다녀요?"

"허허, 예리한데? 사실 깨진 빗돌이 중요하거든. 멀쩡한 빗돌에 남아 있는 글자는 누구나 알아볼 수 있으니 굳이 연구할 필요가 없지. 반면 깨진 빗돌은 아무도 관심을 두지 않아. 그러니 찾아서 더욱 열심히 연구해야 한다는 말이야. 바로 이게 금석학에 관한 김정희 선생님의 철학이야."

"와! 북한산에 있는 진흥왕순수비를 처음 발견한 사람도 김정희 선생님이에요?"

"그 비석이 진흥왕순수비라는 사실을 최초로 밝혀낸 사람이지. 비석은 그곳에 계속 있었고. 사람들은 이 비석에 글자가 없다고 생각했어. 그래서 글자 없는 비석을 뜻하는 '몰자비(沒字碑)'라고 불렀고, 어떤 이는 도선(道詵)이라는 승려가 예언을 새겨 놓은 '도선비'라고도 했지."

"예언이 새겨진 비석이요?"

"도선은 신라 말기의 승려인데, 풍수설의 대가였어. 그분이 개성을 고려의 수도로 정하려고 했는데 한양의 기가 너무 센 거야. 그래서 한양의 비봉에 올라 비석을 세우고 글자를 새겼어. '훗날 무학이라는 승려가 길을 잘못 들어 이곳에 찾아올 것이다'라는 글이었지."

"무학대사라면 이성계가 조선을 건국하는 데 도움을 준 사람이잖아요."

"그분이 지금의 경복궁이 그곳에 자리 잡는 데 결정적인 역할을 했다고 전해 오지. 어쨌든 무학대사가 한양을 수도로 정하려고 비봉에 올랐는데 그 비석을 발견한 거야. 무학대사는 그 비석의 글자를 모두 지워 버리고 지금의 서울을 조선의 수도로 삼았다고 해."

"그래서 글자가 없는 '몰자비'라고 불렀네요."

"실제 그랬다는 말이 아니라 그런 전설이 전해 오고 있어."

두 사람은 다시 일어나 걸었다. 서늘한 바람이 조금씩 불어왔다. 아직 단풍이 들지는 않았지만 단풍이 발할 날이 얼마 남지 않았음을 알려 주는 듯했다. 박 선생은 힘에 부친 듯 다시 걸음을 멈췄다. 푸르메도 평평한 바위를 골라 앉았다.

"김정희 선생님은 원래 금석학에 관심이 많았어요?"

"청나라에 갈 때만 해도 경학에 관심이 많았어."

"그런데 왜 갑자기 금석학에 빠졌어요?"

"선생님이 청나라에 가서 사귄 친구들 중에는 금석학에 관심을 가진 사람이 많았어. 특히 옹방강과 옹수곤 부자는 조선의 금석문에 아주 관심이 많았지."

"청나라 사람들이 왜 우리나라 금석문에 관심을 가졌어요?"

"여러 이유가 있지만 우리나라에서 보내 준 비석의 탁본을 보고 놀랐기 때문이야. 그 탁본의 글씨가 왕희지(王羲之, 307~365)의 글씨였거든."

"당시 글씨 하면 왕희지가 제일 유명했다는 건 저도 알아요. 하지만 친필도 아니고 비석에 새겨진 글씨일 뿐이잖아요."

"왕희지의 글씨는 당시 중국에서도 친필로는 거의 남아 있지 않았어. 그러니 비석에 새긴 글씨도 아주 중요하게 여겼지. 그런 상황에서 우리나라 비석에 왕희지 글씨가 새겨져 있으니 얼마나 놀라웠겠어."

"그들이 조선의 금석문에 관심을 가진 게 이해가 되네요."

"특히 옹수곤은 선생님이 귀국한 뒤에도 종종 편지를 보내 조선의 금석문을 보내 달라고 부탁했어. 문제는 우리나라 금석문을 제대로 이해할 수 없었다는 거야."

"한문으로 되어 있는데 왜 해석이 안 돼요?"

"일반적인 구절이야 해석했지. 하지만 옛날 비석을 제대로 이해하려면 지명, 인명, 관직명을 포함해서 역사 지식이 필요해. 당연히 옹수곤은 우리 역사를 공부한 적이 없으니 쉽게 이해하지 못했어."

"그럼 어떻게 했어요?"

"김정희 선생님에게 편지를 써서 물어봤어. 우리나라 역사를 공부하려고 《고려사(高麗史)》 같은 역사책을 보내 달라고도 했고. 아마 중국인들이 우리 역사를 자발적으로 그리고 제대로 공부한 건 역사상 이때가 처음일 거야."

"와, 소름 돋네요. 금석학의 힘이 대단해요."

"중요한 건 지금부터야. 올라가면서 계속 이야기하자."

"옹수곤은 김정희 선생님을 통해 조선의 금석문을 해독할 수 있었어. 중요한 건 그 과정에서 김정희 선생님이 금석학의 중요성을 깨달았다는 점이지. 금석문을 연구하는 방법도 터득했고."

"옹수곤만 배운 게 아니라 김정희 선생님도 배운 셈이네요."

"서로 가르치면서 배웠어. 큰 사건이 발생할 때까지는."

"뭔데요?"

"옹수곤이 죽고 만 거야. 교유한 지 겨우 5년밖에 안 됐는데 말이야."

"아! 어쩌다가……."

"병 때문이었어. 옹방강 선생은 편지를 통해 아들의 부고를 전했어. 옹수곤이 조선의 금석문 연구에 굉장히 몰두했다는 사실도 알렸지. 아마 이때 옹수곤의 연구 성과를 선생님에게 전달한 것으로 생각돼."

"친구의 부고를 받은 심정은 어땠을까요."

"슬픔에 잠겼겠지. 그래서 더욱 금석학 연구에 열중했을 테고. 선생님은 옹수곤이 죽은 다음 해에 북한산 비봉을 찾아 갔고, 비석에 글자가 있다는 사실을 확인했어. 옹수곤이 못다 이룬 조선 금석학 연구를 이어받은 거지."

"옹수곤이 죽지 않았다면 김정희 선생님이 진흥왕순수비를 발견하지 못했을 수도 있었겠네요."

"그랬을지도 모르지."

비봉이 가까워졌는지 위쪽에서 말소리가 들려왔다. 출발한 지 한 시간이 됐을 무렵 마침내 산마루에 다다랐다. 한참을 걸어 비봉 아래에 도착했다. 비봉은 큰 바위가 여러 개로 이루어져 있었다. 휴일이라 그런지 많은 사람이 오르내리고 있었다.

두 사람은 바위를 기어올랐다. 왼쪽은 까마득한 낭떠러지라 바라보기조차 겁이 났지만, 마침내 정상에 올랐다. 탁 트인 사방에서 바람이 시원하게 불었다. 힘들게 올라온 보람이 있었다. 날씨도 쾌청해서 시야는 거칠 게 없었다. 옛날에는 이곳에서 인천 앞바다까지 볼 수 있었다는 말을 실감할 수 있었다.

"저게 진흥왕순수비예요?"

"저건 모형이야. 원래 있던 비석은 국립중앙박물관으로 옮겨 보관 중이야."

두 사람은 비석 가까이 다가갔다. 모형이기는 하지만 진흥왕순수비에 남아 있던 글자까지 그대로 새겨져 있었다. 옆면에는 김정희의 글씨도 새겨져 있었다.

"왜 '순수비(巡狩碑)'라고 하는 거예요?"

"'순수(巡狩)'라는 말은 임금이 나라 안을 돌아다니며 하늘에 제사를 지내고 민심을 살피는 일을 뜻해. 신라 진흥왕은 영토를 넓힌 다음 함경도 황초령과 마운령 그리고 창녕과 북한산에 비석을 세웠어. 신라의 영역을 표시한 거야."

푸르메는 비석에 새겨진 글씨를 유심히 들여다봤다.

此新羅眞興王巡狩之碑丙子七月金正喜金敬淵來讀

丁丑六月八日金正喜趙寅永來審定殘字六十八字

"이 글자들은 무슨 뜻인가요?"

"앞쪽은 '이것은 신라 진흥왕의 순수비다. 병자년(1816) 7월에 김정희와 김경연이 와서 읽었다'라는 뜻이고, 뒤쪽은 '정축년(1817) 6월 8일에 김정희와 조인영이 와서 남아 있는 글자 68자를 조사해서 확정했다'라는 뜻이야."

"왜 비석에 글자를 새겼을까요? 신라 시대 임금이 세운 비석이잖아요."

"요즘 같으면 절대로 불가능한 일이지. 문화재를 훼손했다고 엄청나게 욕먹었을 거야. 문화재에 대한 개념이 지금과 달랐기 때문에 가능했던 일이야. 옹방강 선생과 완원 선생도 자신들이 발견한 금석문에 글씨를 새겼고, 김정희 선생님도 그분들에게서 배운 걸 따라 한 거지. 지금에 와서 보면 김정희 선생님의 이 기록은 대단히 중요한 자료야."

"어떤 면에서요?"

"첫째는 진흥왕순수비를 확정하는 과정을 설명했다는 점에서 중요해. 1816년 7월에 친구 김경연과 북한산에 올라 비석을 살펴봤을 때는 글자가 있다는 것만 알았지 어떤 비석인지는 몰랐어. 그래서 선생님은 탁본만 떠서 돌아갔지."

"그럼 이 비석이 진흥왕순수비인지는 어떻게 알았어요?"

"1년 동안 탁본을 두고 연구했는데, 이전 사람들이 떠 놓았던 탁본이 큰 도움이 됐어. 특히 김경연의 집에는 옛날 탁본이 아주 많았는데, 황초령 진흥왕순수비의 탁본이 이 비석이 진흥왕의 순수비라는 사실을 밝히는 데 결정적인 증거가 됐어. 이후 김정희 선생님은 다음 해 6월 8일에 친구 조인영과 함께 와서 이런 글자를 새겼어."

"훗날 이 비석을 찾아온 사람들은 새겨진 글을 보고 이 비석이 진흥왕의 순수비라는 사실을 알 수 있었겠네요."

"여기에서 30대 초반의 김정희 선생님이 쓰던 예서체를 확인할 수 있다는 점도 중요해. 아무튼 김정희 선생님은 진흥왕순수비를 고증한 뒤로 금석학의 중요성을 다시 한번 절감해."

"어떤 중요성이요?"

"금석학이라는 학문은 일종의 역사학이야. 금석문에 새겨진 글을 통해서 역사의 오류를 바로잡기도 하고 역사책에 누락된 기록을 보충하기도 하지. 당시까지는 진흥왕이 북한산에 순수비를 세웠다는 기록이 어떤 역사책에도 없었어. 김정희 선생님이 그 사실을 밝혀냈기 때문에 역사책에 누락된 중요한 역사적 사실을 새로 기록할 수 있었지."

"선생님이 연구한 비석들이 또 있나요?"

"현재까지 확인된 바로는 비석 7개가 더 있어. 선생님은 이 연구 결과들을 모아 《해동비고(海東碑攷)》를 간행했지. 이 외에도 간단한 고증을 한 비석이 여러 개가 있어."

"김정희 선생님 이전에는 금석학을 연구한 사람이 없었어요?"

"사실상 선생님이 우리나라에서 금석학이라는 학문을 처음으로 정립했어. 1817년 4월에는 경상도 일대의 금석문을 찾기 위해 여행까지 했지."

"새로 발견한 금석문이 있어요?"

"대표적으로 문무왕비와 무장사비가 있어. 재밌는 사실은 이 비석들이 김정희 선생님이 처음으로 발견한 비석이 아니라는 거야. 이전 사람들 역시 비석을 발견한 다음 탁본도 뜨고 연구도 했는데 제대로 보존하지 않고 아무렇게나 버려뒀어. 그걸 김정희 선생님이 다시 찾아서 연구도 하고 잘 보존되도록 만들었어."

"문화재 개념이 약했던 당시에 그걸 보존하려고 노력했던 김정희 선생님이 존경스럽네요."

“더구나 김정희 선생님이 북한산 진흥왕순수비의 가치를 밝혀냈을 때 나이는 겨우 서른하나였어.”

“그렇게 젊은 나이에 조선에 새로운 학문을 정립했다는 게 놀라워요. 사실 옹방강 선생을 만나기 전에 이미 10년이나 연구하고 연경에 다녀온 다음 또 10년 동안 연구했으니까 학문적으로 따지면 젊은 나이는 아니지만, 어쨌든 30대 초반의 나이에 역사에 길이 남을 업적을 남겼으니까요.”

“놀라운 분이지. 푸르메, 이제 서서히 내려가 볼까?”

여전히 많은 사람이 비봉을 타고 있었다. 아래쪽을 바라보니 올라갈 때보다 훨씬 아찔했다. 바위에서 내려오자 마음이 놓인 두 사람은 힘찬 발걸음으로 산을 벗어났다. 식당으로 이동해 점심 식사를 끝낼 무렵 박 선생은 다음 행선지에 대해 이야기했다.

“과천에 있는 추사박물관은 가 봤니?”

“네, 거기서 책도 많이 샀어요.”

“대부분 논문 형식의 글이라 어려울 텐데.”

“좀 어렵더라고요. 그래도 재밌게 읽었어요.”

“그럼 우리 오늘 같이 가 보자.”

두 사람은 서둘러 자리에서 일어났다. 등산의 여파로 몸이 천근만근 무겁게 느껴지는 푸르메였지만 추사박물관에서 펼쳐질 새로운 이야기에 대한 기대감에 마음만은 가벼웠다.

4

그림 속의 고증학: 〈세한도〉

두 사람이 추사박물관에 도착했을 때 시간은 이미 네 시가 지나 있었다. 늦은 오후, 이들을 반갑게 맞이한 사람은 이곳의 학예사인 허 선생이었다.

"어서 오세요, 박 선생님."

"안녕하세요, 허 선생님. 잘 지내셨죠?"

"물론이죠. 이 학생은 누군가요?"

"안녕하세요. 이푸르메라고 합니다."

"추사 선생님에 관해 알고 싶어 해서 오전에 함께 비봉에 다녀왔답니다. 지난번에 여기 와서 책도 사 갔다네요."

"오호, 반갑구나. 고등학생이 읽기에는 좀 어려웠을 텐데."

"하하하! 나름 재밌게 읽었답니다."

"그럼 내가 선물을 좀 해야겠구나."

허 선생은 일행을 데리고 안으로 들어가 한 아름이나 되는 책들을 꺼내 보여 주었다.

"여기에서 필요한 책들 골라 보렴."

"혹시 다 가져가도 될까요?"

"필요한 책이라면 얼마든지."

푸르메는 허 선생의 큰 선물에 너무 놀라 입을 다물지 못했다. 재빠르게 몇 권은 가방에 집어넣고 나머지는 따로 포장했다. 혼자 들기에 벅찰 정도였다.

"고맙습니다. 잘 보겠습니다."

"어린 네가 이렇게 우리 문화와 역사에 관심이 많다니 참 다행이다. 나도 역사를 전공했지만 네 나이 때는 그렇게 관심이 많지 않았거든."

책 선물에 즐거워하는 푸르메를 바라보며 허 선생이 말했다. 옆에 있던 박 선생도 흐뭇한 마음으로 함께 웃었다. 책 정리가 끝나자 허 선생은 두 사람과 함께 전시실로 향했다. 이들이 먼저 들어간 곳은 후지츠카 치카시(藤塚隣, 1879~1948)를 소개한 방이었다.

"이분은 누구예요?"

"후지츠카 치카시라는 일본 학자인데, 김정희 선생님에 관한 연구를 많이 했어."

"그렇다고는 해도 따로 방까지 꾸며 놨네요?"

"지금 우리가 김정희 선생님에 대해 잘 알 수 있는 건 후지츠카 선생의 공이 커. 이분이 김정희 선생님에 관한 많은 자료를 수집했는데, 태평양 전쟁 때 상당수가 잿더미로 변했고 집에 남아 있던 자료를 후지츠카 선생의 아들인 후지츠카 아키나오 선생이 과천시에 기증했어. 그 자료를 기반으로 박물관이 지어졌어."

둘의 대화를 곁에서 듣고 있던 박 선생이 말했다.

"후지츠카 선생은 원래 중국 경학을 연구하는 사람이었는데, 북경에서 간행된 박제가 선생님의 시문집《정유고략(貞蕤稿略)》을 보고는 왜 조선 사람의 저작이 중국에서 간행됐는지 의문을 품어."

"그게 의문을 가질 일이에요?"

"당시 일본 지식인들이 가지고 있던 편견 때문이야. 조선은 주자학만 공부하고 고증학은 연구하지 않는다고 생각했어. 그러니 조선의 지식인이 청나라 지식인과 교류한 일 자체에 의문을 가졌지. 더구나《정유고략》에 서문을 쓴 학자는 당시 청나라에서도 유명한 사람이었거든."

"고증학이 정확히 어떤 학문이에요?"

"명나라 말기에서 청나라 초기에 등장했는데, 고전을 실증적으로 연구하는 학풍을 말해. 성리학이라고도 불리는 주자학은 철학적이고 추상적인 문제를 다루는 데 반해 고증학은 현실에 바탕을 두고 사실을 밝히는 데 초점을 두었어. 훈고학, 음운학, 금석학, 교감학 등이 모두 고증학에 포함된다고 할 수 있지. 당시 조선에서는 성리학만 학문으로 여겼고, 다른 건 학문으로 여기지 않았어. 그러니 일본인들 역시 조선에는 고증학이 없다고 생각했지."

"후지츠카 선생은 왜 김정희 선생님을 연구했어요?"

"북경에 다녀온 뒤로 당시 경성제국대학의 교수로 부임한 후지츠카 선생은 박제가 선생님에 대한 의문을 풀기 위해 연구하기 시작했어. 그런데 더 큰 산이 나왔어. 바로 김정희 선생님이었지."

"그때는 김정희 선생님에 대한 연구가 많지 않았어요?"

"당시에는 선생님을 단지 서예가나 문인화가, 청나라 학문에 정통했던 학자로 여겼어. 선생님에 대해 정밀하게 연구한 사람은 없었지."

"왜요?"

"선생님은 만년에 자신의 저술을 모두 불태웠어. 지금 남은 자료들은 대부분 다른 사람들이 가지고 있던 선생님의 편지와 시를 모은 거야."

"자신의 책을 불태워요?"

"선생님은 두 번이나 유배를 갔다 왔어. 처음에는 제주도로 9년 동안 유배됐고, 돌아온 뒤로도 얼마 있지 못하고 함경도 북청(北靑)으로 유배되어 이듬해에 풀려났어. 모두 당쟁에 휘말린 결과였지. 그 과정에서 세상에 남긴 자신의 저술에 회의를 갖지 않았을까 하고 추측만 할 뿐이야."

"참 안타깝네요. 전해지는 책이 없는데 후지츠카 선생은 어떻게 김정희 선생님에 대해 연구했어요?"

"북경에서 김정희 선생님과 교유했던 인물들이 남긴 자료를 찾고, 그 속에서 김정희 선생님과 관련된 기록들을 모조리 찾아냈어. 서울에 와서도 자료를 찾으면서 선생님의 행적을 하나하나 조사했지. 그 결과 후지츠카 선생은 김정희 선생님이 경학에도 아주 뛰어난 학자였으며, 또 청나라의 학문과 예술이 조선에 수용되도록 한 주인공이라는 사실을 밝혀냈어."

전시실 여기저기에 붙어 있는 설명문을 자세히 읽고 있던 푸르메가 큰 소리로 물었다.

"〈세한도〉도 원래 후지츠카 선생이 가지고 있었어요?"

"마지막 소장자였지. 그러다 태평양전쟁이 일어나 귀국하면서 그림도 일본으로 가져갔어."

"〈세한도〉 이야기도 좀 해 주세요."

"이야기가 기니까 앉아서 할까?"

세 사람은 전시실 밖으로 나와 의자에 앉았다. 추석이 막 지난 가을 하늘은 눈부시게 맑고 깨끗했다. 푸르메가 박 선생을 보며 말했다.

"선생님은 왜 《세한도》라는 책을 쓰셨어요?"

"김정희 선생님이 돌아가신 지 150주기가 되던 2006년에 국립중앙박물관에서 선생님을 추모하는 전시회를 열었어. 나는 당시 전시의 자문위원으로 있었고. 많은 사람이 〈세한도〉를 보러 몰려들었는데, 그림에 대한 설명은 빈약했고 오류도 많았어. 그래서 논문들을 찾아봤는데 연구 성과가 별로 없더라고. 나도 의외의 상황에 놀랐고 의아했어."

"〈세한도〉는 김정희 선생님의 대표작으로 불리는데 왜 연구는 많이 이루어지지 않았을까요?"

"자료가 빈약하다는 이유도 있었지만 현실적인 문제도 있었어. 〈세한도〉를 연구하려면 다방면의 연구가 필요해. 기본적으로 선생님의 생애에 관한 연구도 해야 하고 그림에 대해서도 잘 알아야 하지. 게다가 청나라와 조선의 문인들이 교유했던 상황도 잘 이해하고 있어야 해. 당연히 이를 위해서는 한문도 할 줄 알아야 하고. 그런데 연구자들은 대부분 자신이 연구하는 한 분야만 잘 알거든."

"한 분야만 가지고는 김정희 선생님을 이해하기가 어렵다는 의미군요."

"한 시대를 대표하는 분이기 때문에 그분에 대한 이해는 결국 한 시대에 관한 이해야. 더구나 새로운 분야에서 워낙 뛰어난 업적을 남겼기 때문에 연구가 더욱 어려웠어."

"그래서 직접 연구하기로 하셨네요. 하지만 자료가 부족하기는 마찬가지 아니셨어요?"

"당연하지. 나는 먼저 〈세한도〉에 관한 자료를 찾았어."

"찾는다고 있는 건 아니잖아요."

"이상하게도 〈세한도〉를 이해하는 데 필요한 자료들이 하나씩 하나씩 나를 찾아오더라고. 마치 누군가 자료를 보내 주기라도 하는 것처럼 자료들이 모여들었어."

"어떤 자료들이요?"

"제일 중요한 자료는 김정희 선생님이 연경에 갔을 당시 옹방강 선생의 서재를 방문한 일에 대해 쓴 글이야. 조선으로 돌아온 지 20년이 지나 그날의 광경을 회고하면서 쓴 거지. 나는 이 글에서 〈세한도〉의 모티프를 발견했어.

김정희 선생님이 그곳에서 소동파가 쓴 〈언송도〉의 찬문을 봤다는 기록이 있었는데, 먼저 〈언송도〉에 대해 자세히 이야기해 보자. 소동파가 혜주(惠州)로 유배됐을 때의 일이야. 그곳의 나부산(羅浮山)은 명산으로 유명했고 소나무가 많았는데, 하지만 날씨가 따뜻해 소나무들은 눈서리를 모른 채 자라고 있었어. 평소에 소동파는 선비가 세상을 걱정하며 살아가는 게 행복이라 여겼는데, 눈서리를 모르고 자라는 소나무를 보고는 그렇게 사는 게 꼭 행복한 것이 아닐지도 모른다고 생각하게 됐지."

"눈서리를 모르고 자라는 소나무라니……."

"감상에 젖을 만도 하지. 그러던 어느 날 소동파의 어린 아들이 유배지로 찾아왔어. 어린 아들이 그 먼 시골까지 찾아온 게 너무나 기특했던 소동파는 아들을 위해 그림을 그렸어. 한 폭의 소나무 그림이었지. 하지만 그림 속의 소나무는 소동파가 감상에 빠졌던 눈서리를 모르고 자라는 소나무가 아니었어. 가지를 늘어뜨린 한겨울의 소나무였지."

"〈세한도〉의 소나무처럼 말이에요?"

"그것과는 조금 달라. 아무튼 소동파는 소나무를 그리고 찬문을 지은 다음 머릿병풍으로 만들었어. 김정희 선생님이 옹방강 선생의 소재에서 봤던 게 바로 소동파가 쓴 찬문의 일부야. 옹방강 선생은 1794년 겨울에 상태도 온전하지 않고 52자밖에 남아 있지 않은 이 글씨 조각을 구한 다음 소재에 소중히 보관했지."

"그 귀한 자료를 김정희 선생님에게 보여 줬네요."

"요즘 같으면 박물관에나 있을 법한 귀한 자료지. 1796년에 옹방강 선생은 소동파의 생일을 맞아 이 〈언송도〉 찬문을 놓고 시를 지었어. '고송언개전기호(古松偃蓋全攲戶)'라는 시구를 읊었지."

"무슨 뜻이에요?"

"'고목이 된 소나무는 나뭇가지 비스듬히 드리우고 오로지 집에 기대어 있네'라는 뜻이야."

"〈세한도〉에 나오는 소나무 같아요."

"맞아. 옹방강 선생 주변의 문사들은 이 시를 주제로 〈언송도〉를 여러 차례 그렸어. 소동파가 그린 〈언송도〉 그림이 남아 있지 않았기 때문에 소동파의 찬문을 바탕으로 각자의 〈언송도〉를 그렸어."

"김정희 선생님도 그려 봤겠네요."

"그랬겠지. 〈언송도〉의 찬문을 본 선생님의 뇌리에는 그날의 일이 단순히 기억으로만 남지 않았어. 자신이 지은 시 속에서도 찬문을 떠올리거든."

"〈세한도〉의 싹이 이미 자라고 있었군요."

"마음속으로 늘 〈세한도〉를 품고 있었던 거지. 〈세한도〉를 그리기 훨씬 이전부터 소동파의 〈언송도〉에서 〈세한도〉를 위한 구상을 하면서 탄생의 싹을 틔우고 있었어."

한참을 생각하던 푸르메는 눈을 껌벅이며 다시 질문했다.

"'고송언개전기호'라는 구절이 바로 〈세한도〉의 모습이네요."

"가지를 늘어뜨린 오래된 소나무가 오로지 집에 기대어 서 있는 모습이 〈세한도〉의 기본 모습이지. 자, 전시실로 이동해 그림을 보면서 이야기하자."

세 사람은 전시실 한가운데에 크게 복사되어 걸려 있는 〈세한도〉 앞에 나란히 섰다.

"푸르메, 선생님이 누구를 위해서 이 그림을 그렸는지 알고 있니?"

〈세한도〉(1844), 수묵화, 국립중앙박물관

김정희가 제주도에서 그린 〈세한도〉는 이상적을 통해 연경 문인들에게 알려졌고, 17명의 문인들이 이 그림을 보고 감탄의 글을 쏟아 냈다. 이후 〈세한도〉는 이상적의 제자인 김병선(金秉善), 김병선의 아들 김준학(金準學)을 거쳐 후지츠카 치카시의 손에 들어갔다. 그는 1930년대 말에 그림과 서문만을 따로 복제했는데, 사진은 그중 하나이다.

이번에는 허 선생이 푸르메에게 물었다.

"이상적(李尙迪, 1804~1865)이라는 제자에게 그려 준 걸로 알고 있어요. 왜 하필 그분에게 선물한 거예요?"

"아주 중요한 질문이야. 김정희 선생님이 제주도에 유배된 건 정치적 목적의 모함 때문이었어. 선생님은 수없이 변명하고 증거를 제시했지만 결국 누명을 벗지 못했어. 온갖 고문을 당한 다음 겨우 목숨만을 건져 유배 길에 올랐지."

"얼마나 힘들었을까요."

"만신창이가 된 몸을 추스를 여유조차 없었어. 몸에 형구가 채워지고 매를 맞았다는 모욕감은 둘째 치고, 김정희 선생님을 더욱 힘들게 한 건 조상의 얼굴에 먹칠했다는 죄책감이었어. 생부 김노경 어른이 관작(官爵)까지 추탈(追奪)되는 수모를 당했거든."

"친구들은 도와주지 않았어요? 높은 자리에 있었잖아요?"

"가장 친한 친구인 권돈인은 그해 7월에 형조판서로 임명됐지만 그가 할 수 있는 일은 없었어. 임금이 직접 관장하는 사건에 신하들이 함부로 끼어들 수는 없었거든."

"답답하고 비참했을 것 같아요."

"김정희 선생님이 금오랑(金吾郞)을 따라 전라도 해남의 이진(梨津)에 도착한 때는 한양을 떠난 지 20일이 지난 1840년 9월 하순경이었어. 그리고 순풍을 기다리다 27일에 배에 올라 석양 무렵에 제주성(濟州城) 화북진(禾北鎭) 아래에 도착했지. 선생님은 오두막에 살게 됐는데 각종 벌레가 들끓었고 습기가 많아 온몸이 아팠어. 음식은 입에 맞지 않아 제대로 입에 대지도 못했고, 집 밖은 탱자나무 가시로 둘러쳐져 있어 마음대로 다닐 수도 없었지."

"왕족으로 살다가 한순간에 하층민처럼 생활이 변했네요."

"불행은 거기서 끝나지 않았어. 얼마 후 한양에서 날벼락 같은 소식이 들려왔어. 권돈인, 김정희 선생님과 삼총사로 불릴 만큼 가까웠고 또 선생님을 그 지옥 같은 유배지에서 구해 줄 것으로 믿었던 친구 김유근이 사망했다는 소식이었어."

"소중한 친구마저 사라져 버린 거네요?"

"김유근은 당시 선생님을 모함한 안동 김씨 집안의 대표적 인물이었지만 김정희 선생님과는 절친이었어. 사건이 발생했을 때는 병석에 누워 있어서 도와줄 수 없었지. 선생님은 그가 빨리 쾌차해 자신을 구해 주기를 기다릴 뿐이었어."

"하늘이 무너지는 심정이었겠어요."

"선생님은 아무것도 먹지 못하고 하늘만 멍하니 바라볼 뿐이었어. 그렇게 얼마가 지났는데 또 다른 비보가 날아들었어. 부인이 사망했다는 소식이었지. 선생님이 제주도로 유배를 가자 선생님의 부인은 예산으로 내려갔는데, 그곳에서 병을 얻어 끝내 일어나지 못한 거야. 선생님은 땅을 치고 하늘을 바라보며 통곡했어. 하지만 누구도 손을 내밀지 않았지. 남은 친구들은 자신들에게 화가 미칠까 봐 소식을 끊고, 부임해 오는 관리들은 괴롭히기 일쑤였어."

"어떻게 살아야 할지 막막했겠네요."

"그러던 어느 날 한양에서 책이 한 보따리 배달됐어. 《황조경세문편(皇朝經世文編)》이라는 전집이었지."

"누가 보냈어요?"

"아까 말한 이상적이라는 제자가 보냈어. 당시 그 책은 도성의 지식인들이 탐독하던 책이었어. 79책이나 되는 거질인 데다 너무 비싸서 구하기가 쉽지 않았지. 이상적이 스승의 힘든 상황을 잘 알고 조금이나마 위로하고 싶은 마음에 중국에서 책을 구해 보내 준 거야."

"아무도 찾아오지 않고 연락도 끊는 상황에 그렇게 귀한 책을 보내 줬으니 정말 기뻤겠어요."

"그래서 김정희 선생님은 보답을 하고 싶었겠지. 유배 중인 사람이 뭘 해 줄 수는 없고 자신의 마음을 담은 그림을 그려 본 거야. 그게 바로 〈세한도〉야. 김정희 선생님은 그림에 사연을 담은 글을 써서 붙였어."

세 사람은 눈앞에 있는 〈세한도〉의 서문을 함께 읽었다.

지난해에는 《만학집(晩學集)》[28]과 《대운산방문고(大雲山房文藁)》[29] 두 가지 책을 보내 주더니, 올해에는 하장령(賀長齡)의 《황조경세문편》을 보내왔다. 이들은 모두 세상에 늘 있는 게 아니고 천만리 먼 곳에서 구입해 온 것들이다. 여러 해를 걸쳐 입수한 것으로 단번에 구할 수 있는 책들이 아니다. 게다가 세상의 풍조는 오직 권세와 이권만을 좇는데, 그 책들을 구하기 위해 이렇게 심력을 쏟았으면서도 권세가 있거나 이권이 생기는 사람에게 보내지 않고, 바다 밖의 별 볼일 없는 사람에게 보내면서도 마치 다른 사람들이 권세나 이권을 좇는 것처럼 하였다.

태사공(太史公)은 '권세나 이권 때문에 어울리게 된 사람들은 권세나 이권이 떨어지면 만나지 않게 된다'고 하였다. 그대 역시 세상의 이런 풍조 속의 한 사람인데 초연히 권세나 이권의 테두리를 벗어나 권세나 이권으로 나를 대하지 않았단 말인가? 태사공의 말이 틀린 것인가?

공자께서는 '겨울이 되어서야 소나무와 잣나무가 시들지 않는다는 것을 알게 된다'고 하였다. 소나무와 잣나무는 사시사철 시들지 않는다. 겨울이 되기 전에도 소나무와 잣나무이고, 겨울이 된 뒤에도 여전히 소나무와 잣나무인데, 공자께서는 특별히 겨울이 된 뒤의 상황을 들어 이야기한 것이다. 지금 그대가 나를 대하는 것은 이전이라고 해서 더 잘하지도 않았고 이후라고 해서 더 못하지도 않았다. 그러나 이전의 그대는 칭찬할 게 없었지만 이후의 그대는 성인의 칭찬을 받을 만한 것이 아니겠는가? 성인이 특별히 칭찬한 것은 단지 시들지 않는 곧고 굳센 정절 때문만이 아니다. 겨울이 되자 마음속에 느낀 바가 있어서 그런 것이다.

아! 서한 시대처럼 풍속이 순박한 시절에 살았던 급암(汲黯)이나 정당시(鄭當時)[30] 같이 훌륭한 사람들의 경우에도 권세에 따라 찾아오는 손님이 많아지기도 하고 줄어들기도 하였다. 하비(下邳) 사람 적공(翟公)[31]이 문에 방문을 써서 붙인 일은 절박함의 극치라 할 것이다. 슬프구나! 완당 노인이 쓴다.

"이상적에 대한 고마움이 잘 나타나 있어요."

"〈세한도〉를 그린 표면적인 동기는 이상적에 대한 보답이라고 할 수 있어. 어렵게 구한 책을 당시의 권력자에게 바쳤다면 출세 길도 열렸을 거고 보다 나은 삶이 보장됐을 텐데 굳이 먼 곳에 유배 중인 자신에게 보내 줬으니 말이야."

"《황조경세문편》이 무슨 책이기에 그렇게 좋아했어요?"

"1827년에 청나라의 하장령과 위원(魏源)이 편찬했고, 조선에서는 1840년에 이정리(李正履)라는 학자가 청나라에 사신으로 갔을 때 구해 온 다음 국내의 여러 학자에게 알려졌어. 당시 중국에서 간행된 책들 대부분은 주자학에 대해 비판적이었는데 《황조경세문편》은 달랐거든."

"어떻게 달랐어요?"

"실용성을 표방한다는 이유도 있었지만 어쨌든 학문에 대해 논의한 글에서도 주자학을 일방적으로 매도한 글은 싣지 않았어. 그래서 이 책이 도성의 지식인들 사이에서 화두로 떠올랐지."

"《황조경세문편》은 〈세한도〉가 만들어지는 직접적인 모티프가 되었네요."

"그림이나 글씨는 종이와 붓만 있다고 그려지고 써지는 게 아니야. 글씨나 그림을 쓰고 그릴 수 있는 작가의 흥취가 있어야 가능하다고 김정희 선생님은 늘 말씀하셨지. 당시 선생님이 처한 환경 속에서 이상적은 바로 그 흥취가 일어날 수 있도록 모티프를 제공했어."

"이 글을 보면 김정희 선생님은 이상적의 의리를 높이 평가하고 있어요."

"대개 사람들은 어떤 사람에게서 권력이 사라지면 자연스럽게 그 곁을 떠나. 사실 세상 사람들 가운데 그렇지 않은 사람은 별로 없어. 오직 이상적만이 세상의 풍조에 휩쓸리지 않고 초연했어."

"요즘의 정치인들을 봐도 그런 거 같아요."

"허허, 푸르메가 정치에도 관심이 많구나."

"그건 아니지만 사실이잖아요."

"어쨌든 선생님은 여기에서 《논어(論語)》〈자한〉 편에 나오는 '세한연후지송백지후조(歲寒然後知松柏之後彫)'라는 구절을 인용해. '세한'이란 추운 계절, 즉 겨울을 말하고, '후조'는 시들지 않는다는 말이야. '겨울이 되어서야 소나무와 잣나무가 시들지 않는다는 것을 알게 된다'는 뜻이지. 날씨가 추워지지 전에는 모든 나무에 잎이 달려 있어서 그 차이를 잘 몰라. 겨울에 이르러 다른 나뭇잎이 모두 지고 나서야 소나무와 잣나무의 잎이 시들지 않는다는 걸 알게 되지."

"그래서 김정희 선생님은 《논어》의 구절을 떠올렸네요."

"공자께서 겨울이 되어서야 소나무와 잣나무의 잎이 푸르다는 걸 깨달았듯이, 김정희 선생님은 유배객 신세가 되어서야 이상적의 의리를 새삼 깨달았던 거야."

박 선생의 이야기가 끝나자 푸르메의 질문이 이어졌다.

"또 무슨 자료가 선생님을 찾아왔어요?"

"몇 가지 더 있지만 그중에서도 《국조화징록(國朝畵徵錄)》이라는 책이 중요해. 청나라 때 장경(張庚, 1685~1760)이라는 사람이 편찬한 책이야. 이 책에는 청나라 초기부터 건륭(乾隆) 연간(年間)[32]에 이르기까지 활동한 화가 450명에 대한 전기가 들어 있어. 바로 이 책을 통해 김정희 선생님이 중국 화단(畵壇)에 대한 정보를 얻었지. 선생님의 화론 역시 이 책을 통해 정립됐다고 할 수 있어."

"이 책을 어떻게 구하셨어요?"

"평소에 알고 지내던 분이 어느 날 전화를 걸어왔어. 김정희 선생님이 보시던 책이 고서점에 나왔다는 소식이었지. 그 책이 바로 《국조화징록》이었어. 그 책을 집에 가지고 온 날 밤에는 잠을 잘 수가 없었어. 너무도 기뻐서 말이야. 이 책은 후지츠카 선생의 논문에서 처음 언급됐는데 종적을 감췄다가 1956년 국립중앙박물관 전시에서 잠깐 모습을 드러냈어. 그리고 또다시 종적이 묘연했는데 그 모습을 다시 드러낸 거야. 중요한 건 김정희 선생님이 이 책을 보면서 적묵법(積墨法)[33], 초묵법(焦墨法)[34] 같은 화법에 주목했다는 사실이야."

"그게 왜 중요한데요?"

"〈세한도〉를 보면 어떤 느낌이 들지?"

"굉장히 쓸쓸한 느낌이 들어요."

"그게 이 그림의 핵심이야. 초묵법과 적묵법을 사용했기 때문이지."

"그건 다른 사람에게 배워도 되잖아요."

"일찍부터 문인화의 비결로 여겨져 온 초묵법의 비법은 전해지지 않았어."

"그럼 혼자서 연구한 거예요?"

"선생님은 오랫동안 예찬(倪瓚, 1301~1374), 황공망(黃公望, 1269~1354) 같은 원나라 문인화가의 경지에 오르기 위해 갖은 노력을 기울였어. 그 핵심이 필묵법이었는데, 건필(乾筆)[35]에 담묵(淡墨)[36]을 조금씩 묻혀 그리는 적묵법과 초묵법을 사용한다는 건 책을 통해 알고 있었지만 그림을 그리는 자세한 방법은 전혀 알 수 없었어."

"꼭 교과서 없이 공부하는 것 같네요."

"30년이 넘는 긴 시간 동안 그 묘체를 터득하기 위해 노력했고 유배되기 얼마 전에야 비로소 초묵법을 터득할 수 있었어. 〈세한도〉에서 나타나는 붓 터치가 바로 그 노력의 결실이야."

"듣고 보니 〈세한도〉는 단순한 그림이 아니고 하나의 논문 같아요."

"〈세한도〉의 모티프인 소동파와 그의 아들의 관계가 김정희 선생님과 제자인 이상적의 우정으로 치환된 것부터 선생님이 오랜 세월 공부한 끝에 본토인 중국에서도 사라진 화법을 터득해 낸 것까지 〈세한도〉는 그 자체가 고증학의 산물이자 결정체라고 할 수 있어."

"그림을 보는 게 아니라 읽어야 한다는 말의 의미를 이제 알겠어요."

[28] 계복(桂馥, 1736~1805)의 책.

[29] 운경(惲敬, 1757~1817)의 시문집.

[30] 급암은 직언을 잘하기로 유명했다. 조정에는 그가 있는 것만으로도 질서가 잡힐 정도였다. 황제는 대장군을 만날 때 침대에 걸터앉아 만나기도 했고 다른 신하를 만날 때는 관을 쓰지 않은 경우도 있었지만, 급암을 만날 때만큼은 관을 쓰지 않은 적이 없었다. 그만큼 급암은 천자로부터 존경을 받았다. 그러나 그 곧은 성격 때문에 벼슬살이에 있어서는 부침이 있었다. 정당시는 사람 천거하기를 좋아하고 기개가 있었다. 높은 지위에 있으면서도 남에게 몸을 굽혔다. 하지만 너무나 청렴해 자신의 살림살이는 제대로 돌보지 않았다. 급여나 하사품을 받으면 여러 사람에게 나누어 주었다. 조정에 있을 때는 언제나 온화한 태도로 황제의 뜻을 따랐고 일의 옳고 그름을 심하게 따지지 않았다. 그러나 그는 자신이 천거한 사람이 일을 잘못해 죄를 짓게 되면서 서민으로 강등됐다. 급암이나 정당시는 이처럼 훌륭한 인물이었지만 힘이 있을 때는 사람들이 몰려든 반면에 힘이 약해지자 사람들도 흩어졌다.

[31] 하비현의 적공이 정위(廷尉)의 벼슬에 오르자 그의 집 앞은 빈객들로 가득했다. 그러다가 벼슬을 잃자 문밖에 새 그물을 칠 수 있을 정도로 사람의 왕래가 뜸해졌다. 이후 적공이 다시 정위가 되자 사람들은 또다시 그를 찾아가기 시작했다. 그러자 적공은 문 앞에 이렇게 써 붙였다. '한번 죽었다 한번 살아나 봐야 사귀는 정을 알게 되고, 한번 가난해졌다 한번 부유해져봐야 사귀는 태도를 알게 된다는데, 나는 한번 귀해졌다 한번 천해졌더니 사귀는 정이 드러났다.'

[32] 어느 왕이 왕위에 있는 동안.

[33] 붓으로 한번에 쓱 그리는 게 아니라, 연한 먹을 붓에 조금씩 묻혀 여러 번 붓질하며 먹을 쌓아 가는 듯한 느낌으로 그리는 기법.

[34] 진한 먹을 사용해 한번에 그리는 기법.

[35] 물기가 거의 없는 마른 상태의 붓.

[36] 동양화에서 사용하는 묽은 먹물.

5

미완의 꿈, 미완의 글씨: 추사체

세 사람은 전시실의 다른 유물들로 향했다. 오전에 북한산에서 봤던 진흥왕순수비의 모형이 있었다. 푸르메는 자세히 살펴봤다. 200년 전 김정희 선생의 자취를 조금이라도 더 느끼고 싶었기 때문이다. 전시실 안쪽으로 더 들어가자 큰 글씨로 이루어진 두 작품이 나란히 걸려 있었다.

"김정희 선생님은 대련을 잘 쓰기로 유명했다죠?"

"대련은 청나라에서 유행한 하나의 문학 양식이야."

"그 전에는 대련이라는 게 없었어요?"

"있었는데 일반적이지는 않았고 유행하지도 않았어. 당시 선생님은 이 대련이라는 양식을 수입해서 조선에서 유행시켰지."

"김정희 선생님이 손을 대면 뭐든지 유행하나 봐요."

"허허! 그런 셈이네. 대련은 글씨뿐만 아니라 내용도 무척 중요해. 그래서 글귀를 짓기가 어려워."

"저 글귀도 김정희 선생님이 지은 거예요?"

"아니야, 청나라 문인이 지은 글귀를 선생님이 약간 고쳐 쓴 거야. 김정희 선생님이 말년에 느낀 심정을 잘 대변하고 있어. 대표적인 추사체이기도 하지."

박 선생의 말을 들은 허 선생이 말을 덧붙였다.

"김정희 선생님이 일흔하나 되던 1856년에 과천에서 쓴 것으로, 과천 시절 서체를 대표하는 작품이기도 해."

최고의 요리는 두부, 오이, 생강, 나물　大烹豆腐瓜薑菜

최고의 모임은 부부, 아들, 딸, 손자　高會夫妻兒女孫

"글의 의미도 알려 주세요."

허 선생의 설명이 이어졌다.

"사람들은 높은 사람들이 큰 식당에서 먹는 비싼 음식이 최고의 음식이고 그런 자리가 최고의 모임이라고 생각하지만 사실은 그게 아니라는 뜻이야."

"나물 반찬을 먹을지언정 온 가족이 둘러앉아 함께 음식을 먹는 게 최고라는 의미네요."

"선생님은 한때 왕족과 같은 생활을 했지만 두 번이나 유배를 갔고, 또 그 시절에 부인도 잃었잖아. 그러니 가족들과 모여 앉아 나물 반찬 먹으며 오순도순 이야기하는 게 최고라고 생각했던 거야."

글을 한참 음미하던 푸르메가 박 선생에게 질문을 던졌다.

"추사체가 어떤 거예요? 여기에 있는 글씨들을 보면 조금씩 다 다른데요."

"푸르메가 눈썰미가 좋구나. 참 설명하기 어려운 이야기야."

"추사체가 여러 가지라서요?"

"김정희 선생님이 연구해서 쓴 글씨를 추사체라고 하는데 그 글씨에 대해 명확하게 설명하기는 쉽지 않아. 조선 시대에는 중국의 왕희지를 최고의 서예가로 쳤어. 누구나 왕희지 글씨를 보고 배웠지. 그런데 김정희 선생님이 중국에 갔다가 중요한 사실을 알게 돼."

"그게 뭔데요?"

"그동안 조선에서 보고 배웠던 왕희지 글씨가 가짜라는 거였지."

"어떻게 그런 일이 있을 수 있어요?"

"당시 중국에서도 왕희지가 직접 쓴 글씨는 거의 남아 있지 않았어. 조선에서 보고 배운 왕희지 글씨는 사실 중국 당나라 때 만든 짝퉁이었어."

"황당하네요."

"심지어 그 짝퉁 글씨도 오랜 세월이 지나면서 원래 모습과는 전혀 다르게 변했어. 그러니 조선에서 왕희지 글씨로 알고 따라 쓴 글씨들을 중국에서는 거들떠보지도 않았지. 그 문제를 가장 많이 연구한 사람이 옹방강 선생이었고, 김정희 선생님은 중국의 금석문을 통해 서체를 연구하기 시작했지."

"그럼 추사체와 왕희지의 글씨는 다르겠네요."

"전혀 다른 글씨야. 추사체가 탄생하는 데는 완원 선생이 관련되어 있어. 당시에 완원 선생은 오랫동안 중국의 금석문을 연구한 끝에 〈남북서파론(南北書派論)〉과 〈북비남첩론(北碑南帖論)〉이라는 글을 발표했어."

글씨에는 남파와 북파가 있다. 남파는 중국의 남쪽 지방에서 유행하던 글씨로 해서, 행서, 초서 중심의 여성스럽고 일상생활에 알맞은 글씨이며, 이 남파의 대표적인 인물이 왕희지다. 반면 북쪽에서는 남성스럽고 졸박한 느낌의 전서와 예서를 썼는데 주로 비석에 사용하는 글씨다. 이처럼 북쪽 지역에서는 비석에 글을 새겼기 때문에 원래의 모습이 상대적으로 많이 보존된 반면 남쪽 지역에서는 주로 종이나 비단에 글을 썼기 때문에 남아 있는 글자가 적다. 특히 왕희지의 글씨는 목판에 새겨져 전해 왔는데, 여러 번 반복해서 새기다 보니 원래 모습과는 많이 달라졌다. 그러니 북쪽에서 많이 썼던 글씨를 배워야 제대로 된 중국의 글씨를 쓸 수 있다.

"완원 선생은 왕희지 글씨를 제대로 배우려면 당나라 시절의 글씨를 먼저 배워야 한다고 주장했어. 당나라 때는 비교적 왕희지 글씨가 많이 남아 있어서 그걸 제대로 배운 사람들이 쓴 글씨가 비석에 새겨져 전해졌다고 생각했기 때문이지."

"왕희지 글씨를 배우려면 왕희지 글씨라고 알려진 가짜 글씨를 보고 배울 게 아니라 비석에 새겨진 글씨를 보고 배우라는 말이네요."

"둘 다 왕희지의 진짜 글씨는 아니지만 비석에 새겨진 글씨가 왕희지 글씨에 더 가깝다고 생각했어."

"금석학이 역사 연구에만 적용되는 게 아니라 글씨 연구에서도 굉장히 중요한 학문이었네요."

"김정희 선생님의 금석학에는 두 가지 측면이 있어. 하나는 역사를 고증하는 측면이야. 진흥왕순수비가 여기에 해당돼. 또 다른 하나는 추사체와 관련해서 글씨의 원류를 탐색하는 측면이야. 둘 다 비석을 대상으로 연구하지만 지향점이 전혀 달라. 어쨌든 완원 선생의 글이 세상에 알려지자 많은 사람이 금석문을 연구하면서 새로운 서체를 찾기 위해 노력했어. 하지만 누구도 새로운 서체를 개발하지는 못했지."

"김정희 선생님은 추사체를 만들어 냈잖아요!"

"오랜 연구 끝에 한 가지 중요한 사실을 찾아냈기 때문이지. 중국 글씨의 원류는 서한(西漢) 시대의 예서에 뿌리를 두고, 거기에서 여러 서체가 갈라져 나왔다는 거야."

"김정희 선생님의 글씨는 서한 시대의 글씨를 모델로 삼은 거예요?"

"서한 시대 글씨에 뿌리를 두고 있어. 다만 문제가 있었어. 당시까지 알려진 서한 시대의 글씨가 얼마 되지 않았거든. 다 합쳐야 200

자도 되지 않았지."

"그럼 다른 글자들은 어떻게 썼어요?"

"김정희 선생님이 직접 서한 시대의 글자를 복원했어. 추사체는 서한 시대의 글자에 여러 서체의 특징을 조금씩 가미한 글씨야."

"한마디로 고증학의 끝판이네요!"

"집요한 연구의 결실이지. 있는 글자를 그대로 따라 쓰는 게 아니라 새롭게 글자를 만들어 썼어. 선생님은 서한 시대 글자의 원리를 알아냈지. 서한 시대 글씨는 모양이 정해져 있지 않았어. 일정한 틀에 얽매이지 않아 글자의 형태가 자유롭고, 그래서 여러 서체가 섞여 있는 느낌이 들어."

"여기 있는 글자들이 서로 다른 모양인 건 그 때문이군요."

"그래서 추사체는 미완의 서체야."

"왜 추사체가 쓰기 어려운 서체인지 알겠어요. 글자의 형태가 정해지지 않았지만 일정한 원리에 따라 글자를 써야 한다는 거죠."

"그런데 지금까지 아무도 그 원리를 제대로 밝혀내지 못했어."

"아무도 추사체를 제대로 쓸 수 없겠네요."

"불행하게도 그게 현실이야. 게다가 글자의 형태만 중요한 게 아니거든. 먹을 사용할 줄도 알아야 하고 붓을 제대로 사용할 줄도 알아야 해. 김정희 선생님은 그 누구보다 먹과 붓의 중요성을 강조한 분이셨지. 추사체가 어려운 이유야. 김정희 선생님이 살아 계실 때나

사후에도 많은 사람이 추사체를 쓰려고 노력했지만 모두 실패했어."

"당시 제자들도 추사체를 쓰지 못했어요?"

"일부 제자들이 따라 쓰기는 했지만 그저 흉내 내는 정도였어. 서체의 일부만을 따라 쓰는 정도였지."

"김정희 선생님의 서체가 청나라에도 알려졌어요?"

"무엇보다 한자는 중국 글자이고 한자 문화를 대표하는 게 서예니까 김정희 선생님의 글씨가 많이 전해졌어. 중요한 건 조선의 선비가 쓴 그들의 글자를 그들의 서재에 걸었다는 사실이야."

"뿌듯하네요"

"그게 바로 김정희 선생님의 학문과 예술이야. 모두 고증학을 통해 만들어 냈어. 〈세한도〉도 추사체도 결국은 고증학인 셈이지."

"선생님이 왜 김정희 선생님을 연구하는지 알 듯해요."

"김정희 선생님을 단순히 개인으로만 인식해서는 안 돼. 선생님은 19세기 우리의 모습을 이해하는 데 핵심 키워드야. 학술과 문화 분야에서 조선의 국가 대표라고도 할 수 있지. 우리는 김정희 선생님을 통해 19세기 조선의 학문과 예술을 엿볼 수 있어. 글씨와 그림뿐만 아니라 선생님이 정립한 학문 역시 조선 역사에서는 한 번도 존재한 적이 없는 새로운 거였어. 이런 이유로 선생님의 학문과 예술 세계를 이해하기 위해서는 전혀 다른 차원의 언어와 지식 그리고 사유의 틀이 필요해."

"김정희 선생님을 제대로 이해하기 위해서는 많은 공부가 필요할 것 같아요."

"그만큼 특별하기 때문이지. 선생님은 위대한 '창조적 인간'이라고 할 수 있어. 역사에 대한 끊임없는 탐구와 해석, 그리고 그 과정에서 얻은 정수를 되살리는 데 일생을 바쳤지. 그렇기 때문에 더더욱 손쉽게 이해하려고 하는 건 말이 안 돼."

"잘 알겠습니다!"

"특히 김정희 선생님처럼 외래문화를 창조적으로 해석한 다음 우리 정신을 담아낸 인물은 우리 역사에서 쉽게 찾아볼 수 없어. 단순히 외국 문화를 개방적으로 받아들이는 것에서 끝내지 않고 이를 주체적으로 수용해 우리식으로 재해석해 냈어."

"200년 전의 글로벌 지식인이었군요?"

"푸르메의 말이 맞아. 진정한 지식인이라면 응당 그래야 해. 선생님의 그런 정신은 지금도 여전히 유효하고, 우리 역사가 존재하는 한 영원히 유효할 거야. 현재 우리는 여러 분야에서 미국 문화를 받아들이면서 살고 있잖아. 하지만 미국 문화의 정수를 제대로 연구해서 수용했는지 의문이야. 그들의 문화를 일방적으로 받아들이는 것에서 끝나는 게 대부분이지. 우리도 그들의 핵심 문화를 연구해서 미국에 수출할 수 있어야 하지 않겠어?"

"우리 시대의 김정희 선생님이 필요한 거네요."

"모방하는 데 그치지 말고 그 문화의 원류를 연구해서 새로운 문화를 만들어 낼 수 있어야 해."

"왠지 제 어깨가 다 무거워지네요."

"우리 근대사를 살펴보면 더욱 그런 생각이 들어. 우리나라는 근대화되는 과정에서 외세에 의해 억지로 서구 문물을 받아들이잖아."

"개화기 때요?"

"그 이후도 마찬가지야. 일제 침략에 의해 35년을 식민지로 지내면서 서양 문물을 주체적으로 수용할 기회를 상실해 버렸어. 그 때문에 일제강점기에 형성된 문화 속에 살게 됐지. 일본이 패망하고 돌아간 다음에는 미국 문화가 들어왔고. 외래문화가 들어오는 게 문제가 아니야. 수용의 주체가 우리가 아니라는 게 문제지. 우리는 언제나 외래문화를 수용하면서 살아왔어. 신라 시대도 고려 시대도 말이야. 그게 우리나라의 운명인지도 몰라."

"그렇다면 더더욱 우리가 중심을 잃어서는 안 되겠어요."

"그렇지 않으면 그저 남의 뒤꽁무니나 따라갈 수밖에 없어. 특히 19세기 말부터 급격히 들어온 외래문화가 우리 것을 모두 밀어내면서 우리 문화를 차분히 연구하고 바라볼 기회를 놓쳐 버렸어. 외국인이 우리 걸 좋아하면 좋은가 보다 하고, 그들이 좋지 않다고 하면 우리도 나쁘게 생각하는 경향이 있잖아."

"우리 문화를 더 자랑스러워 할 필요가 있네요. 저는 이번 답사를 통해서 김정희 선생님에 대해 다시 한번 생각하게 됐어요. 그저 옛날의 유명한 서예가이자 학자라고만 생각했는데, 이제 보니 꼭 지금 우리 곁에 계시는 선생님 같아요."

"그래. 역사를 제대로 공부하고 올바로 이해하는 일은 지금의 우리를 더 낫게 만드는 일이야."

"우리 역사와 문화에 대한 연구 의욕이 불타오르는데요."

"허허, 다행이다. 앞으로 푸르메의 이름을 자주 듣게 되겠구나."

"꼭 그렇게 될 겁니다!"

푸르메는 의욕이 넘치는 듯 목청을 높여 말했다. 세 사람은 전시장을 천천히 돌아 밖으로 나갔다. 이미 붉게 물든 노을이 박물관 전경을 채우고 있었다. 푸르메는 상기된 얼굴로 선물로 받은 책들을 품에 꼭 안았다.

"오늘 유익한 시간 보냈습니다. 감사합니다."

"허 선생님, 감사합니다. 이제 가 봐야겠네요."

"다음에 또 뵙죠. 푸르메도 잘 가라. 언제든지 놀러 오고."

"넵!"

집으로 돌아가는 길에 박 선생은 김정희 선생님이 사망할 무렵의 일화를 들려줬다. 김정희가 죽자 제자인 우봉(又峰) 조희룡(趙熙龍)은 또 다른 제자인 소치(小癡) 허련(許鍊)에게 다음과 같은 편지를 썼다.

척암(惕闇)[37] 선생께서 세상 떠난 일을 차마 말로 하겠습니까? 돌아가시기 하루 전날 과천에 있는 댁으로 찾아뵈었는데, 정신은 또렷하셨고 손수 시표(時表)를 정하고 계셨습니다. 의사가 '맥이 끊어진 지 벌써 사흘이 됐다'고 했지만 부채에 글씨를 쓰시는데 글자의 획은 예전과 같았습니다. 맥이 끊어졌는데도 글씨를 썼다는 이야기는 옛날에도 들어 보지 못했습니다. 이제는 돌아가시고 말았으니 다시는 말할 수 없게 됐습니다. 다시 생각해 보면 우리에게는 다행이었습니다. 척암 선생과 한세상을 함께하면서 그림으로 인정을 받은 지 50여 년이 됐으니 말입니다. 우리 뒤에 태어난 사람들은 틀림없이 공(公)을 만나 뵙지 못한 것을 한스럽게 여길 것입니다. 지금부터는 의문을 물어볼 곳이 없게 됐으니 마치 돌아갈 곳이 없는 것과 같습니다. 공의 뒤에 죽는 사람 또한 틀림없이 크게 한스러워할 것입니다.

이 편지는 제자들이 김정희를 어떻게 생각했는지 잘 알려 준다. 의문이 생기면 무엇이든지 물어볼 수 있던 사람, 죽기 전까지도 끊임없이 연구하고 공부했던 사람. 제자들은 그런 추사에게 인정받기 위해 함께 노력했을 것이다.

"돌아가시기 사흘 전에도 글씨를 쓰셨다는 게 믿기지 않아요."

"그렇지, 무엇보다 궁금한 게 생겨도 물어볼 곳이 없게 된 제자들이 고아나 다름없다며 통곡했던 게 안타까워. 후대에 태어난 사람들이 김정희 선생님을 만나지 못한 것을 한스럽게 여길 것이라는 대목에서는 아쉬움과 탄식이 절로 나오지."

"지도 김정희 선생님을 뵐 수 없는 게 너무 아쉬워요."

"맞아. 후학들 모두 그럴 거야. 나는 얼마 전에 돌아가신 아버지를 다시 뵐 수 없다는 게 너무 아쉽단다. 나에게는 스승이셨고, 내가 궁금해하는 것에 대해서는 언제든지 답을 주셨지. '의문이 생겨도 물어볼 곳이 없다'고 했던 그 말을 절감하고 있어."

"이제부터 부모님께 잘해야겠어요."

집에 돌아온 푸르메는 먼저 책들을 정리했다. 한꺼번에 여러 선물을 받아 부자가 된 느낌이었다. 정리를 마친 푸르메는 그중 한 권을 책상 위에 펼쳐 놓고 읽기 시작했다. 어려운 논문들이라 이해하기 쉽지는 않았지만 오늘 들은 이야기를 생각하며 천천히 책장을 넘겼다. 그러나 등산부터 박물관 관람까지 강행군을 한 탓인지 눈꺼풀이 천근만근이었다. 자신도 모르게 책상 위에 엎어져 잠이 들었다.

[37] 김정희의 또 다른 호.

에필로그

지나온 길을 돌아보며 길을 찾다

"푸르메, 여기가 김정희 선생님이 태어난 곳이야?"

"김정희 선생님이 태어난 곳이기도 하고 김정희 선생님이 묻힌 곳이기도 해."

"와, 멋진데? 대궐 같아. 이렇게 큰 집에서 사셨구나."

"원래는 더 컸는데 지금은 일부만 남아 있어."

"푸르메, 이 무덤은?"

"화순옹주와 그분의 남편인 월성위의 무덤이야. 화순옹주는 영조 임금의 따님이고 월성위는 김정희 선생님의 증조부야. 아들을 낳지 못하고 일찍 돌아가셨기 때문에 김정희 선생님이 이분들의 제사를 지내기 위해 양자로 들어갔어."

"김정희 선생님이 왕손이야?"

"그런 셈이지."

푸르메는 박 선생님과의 여행을 꿈속에서 되돌아보고 있었다. 친구들과 함께 예산 고택을 답사하면서 신이 나 친구들을 이끌고 여기저기 자리를 옮기며 설명을 계속했다. 화순옹주 묘소에도 갔다가 화암사 뒤쪽 석벽에도 들렀다. 그러다 이번에는 북한산 비봉에 올라왔다. 청명한 가을 날씨가 너무도 좋았다. 푸르메는 진흥왕순수비를 보면서 친구들에게 말했다.

"이게 신라 진흥왕의 순수비야."

"이 글은 무슨 내용이야?"

"진흥왕이 이곳까지 영토를 넓힌 사실을 기록한 거래."

"천 년이 넘었는데도 글자가 남아 있네?"

"거의 마모되어 잘 보이지 않는 걸 김정희 선생님이 연구해서 밝혀냈어."

그때 누군가가 푸르메에게 말을 걸었다.

"네가 푸르메구나."

"누구신데 제 이름을 아세요?"

"나는 추사 김정희란다."

"정말 김정희 선생님이세요? 이렇게 뵙게 될 줄은 몰랐어요."

"허허허허……."

"선생님께 여쭤보고 싶은 게 많아요."

"뭐든지 물어봐라."

"선생님은 공부를 많이 하셨잖아요, 왜 특히 고증학에 몰두하셨어요?"

"내가 생각했을 때 고증학은 당시 최고의 연구 방법론이었다. 조선의 학자들은 무엇이 옳은지 그른지를 따지지도 않고 무조건 옛것이라면 따라서 했고 그게 옳다고 믿었거든."

"그런데 선생님은 어떻게 고증학을 떠올렸어요?"

"젊은 시절 연경에 갔다가 스승 두 분을 만나게 됐지."

"아! 옹방강 선생과 완원 선생이요?"

"잘 아는구나. 나는 두 분을 통해 당시 청나라 학문의 큰 줄기를 배웠지. 특히 옹방강 대선생과는 7년~8년 동안 편지를 주고받으면서 학문적 궁금증을 해소했다. 그러면서 고증학이야말로 모든 학문의 시작이라고 생각하게 됐지."

"당시 사람들이 제일 중요하게 생각한 학문은 유가 경전을 연구하는 경학이었잖아요."

"제법 똑똑한 녀석이로구나. 또 주자의 해석만이 옳다고 여기던 시절이었지. 그와 반대되는 의견을 제시하면 바로 틀렸다는 지적을 받았어. 심지어 주자에 반대하는 사람은 나라를 어지럽히는 큰 죄인으로 생각했다. 하지만 당시 중국의 수많은 학자는 자신들의 의견을 마음대로 펼쳤단다. 그 바탕에 고증학이 있었지. 고증학은 근거를 가지고 자신의 주장을 펼치는 학문이란다."

"자신의 생각과 다른 사람을 무조건 배척하다니……. 현재도 그런 일이 많이 벌어지는 거 같아요. 정치인들이 그래요. 자신들과 생각이 다르면 무조건 상대방을 배척해요. 국회에서는 매번 싸우는 장면이 나와요."

"나는 청나라에서 자유롭게 사상을 개진하던 두 분의 스승을 통해 경학에 관해 많은 걸 배우고 우리 조선의 문제점을 알게 됐단다. 글씨에 관해서는 더욱 그랬지. 당시 조선에서는 왕희지의 글씨를 최고로 여겼는데, 가짜 왕희지의 글씨를 진짜로 알고 따라 쓰고 있었거든."

"정말 황당한 일이에요."

"그 사실을 알게 된 나는 사람들에게 이야기했지만 내 말을 믿지 않았지. 경학도 마찬가지였단다. 무조건 주자의 학설만이 옳다고 믿었지. 그래서 나는 더욱더 고증학을 열심히 연구했다."

"선생님은 그 때문에 따돌림을 당하지는 않았어요?"

"제대로 알지도 못하면서 떠든다고 욕하는 사람도 있었고, 공부를 더 하라고 모욕하는 사람도 있었지."

"그걸 어떻게 견디셨어요?"

"방법이 없었다. 남의 생각에 관심 없는 사람들과 싸울 수는 없었지. 결국 내가 더욱 노력하는 길뿐이었단다. 그러다 보니 청나라의 지식인들과 교유하게 됐고, 그곳에서 먼저 최고의 학자로 인정받았단다."

"선생님이 연행을 다녀오신 것도 사람들과 다른 생각을 갖는 데 영향이 컸을 것 같아요. 그런데 왜 그렇게 연행을 하고 싶으셨어요?"

"연행은 내가 어릴 때부터 들어 온 이야기였단다. 외가 친척인 홍대용 어른이 청나라 문사들과 교유한 이야기들을 많이 전해 들었지. 나의 가정 교사였던 박제가 어른은 중국을 네 번이나 다녀온 중국통이셨단다. 그분들의 이야기를 통해 나는 자연스럽게 연행에 관심을 가지게 됐지. 그러다 언젠가 박제가 어른을 통해 옹방강 선생에 관해 들었다. 그 후 나는 옹방강 선생에게 빠져 버렸지. 그리고 아주 오랫동안 옹방강 선생의 사상과 글씨 등을 공부했단다."

"옹방강 선생을 너무 존경해서 그분의 호를 딴 보담재라는 서재까지 만드셨죠?"

"그래, 하지만 그것만으로는 만족하지 못했지. 청나라로 가서 선생님을 직접 뵙고 이야기를 나누고 싶었어. 궁금한 게 너무 많았거든."

"연경에서 옹방강 선생이 쉽게 만나 주지 않았잖아요? 그때 심정이 어떠셨어요?"

"나는 선생을 만나기까지 무려 10년을 그분에 대해서 공부했단다. 그만큼 간절했지. 돌아갈 날은 다가오는데 선생의 그림자조차 볼 수 없으니 하늘이 무너지는 기분이었어. 다행히도 연경에서 사귄 청나라 친구들이 다방면으로 도와줘서 가까스로 만날 수 있었단다."

"그때 옹방강 선생을 만나지 못했다면 선생님의 삶은 지금과는 완전히 다른 모습이었을지도 모르겠네요."

"그랬다면 나는 이름 없는 선비로 남았을지도 모르지."

"선생님이 우리 역사에 큰 자취를 남긴 건 그 한 번의 만남 덕분이라고 해도 과언이 아니네요."

"내 인생에서 가장 중요한 순간이었으니까. 하지만 우리는 단번의 만남으로 끝내지 않았어. 아주 멀리 떨어져 있지만 인연을 이어 갔단다. 조선으로 돌아온 다음에도 편지를 주고받으며 선생의 지도를 받았지. 중요한 건 인연을 소중하게 생각하고 이어 가려는 마음과 그런 인연을 만들기 위한 준비란다."

"선생님이 옹방강 선생을 만나기 위해 오랫동안 준비한 것처럼요?"

"그렇지. 나는 옹방강 선생과 그분의 아들인 옹수곤 덕분에 금석학 연구도 본격적으로 할 수 있었단다."

"옹방강 선생이 아들인 옹수곤이 죽자 그의 금석문 연구 자료를 선생님께 보내 주셨다면서요?"

"대단한 자료들이었지. 당시 조선에서는 금석학 연구랄 게 거의 없었고, 몇몇 선배가 우리나라 금석문을 모아 책으로 만든 다음 감상하거나 서예 교본으로 썼던 게 전부였단다. 유득공 선생이 금석문을 조금 연구했지만 전문적인 연구자는 없었지. 그런데 청나라에 가 보니 많은 문인이 금석문에 관심을 가지고 있었어. 옹방강 대선생과 옹수곤은 우리나라 금석문에도 관심이 많았지."

"청나라 사람이 조선의 금석문에 관심을 가졌다는 게 신기해요."

"그분들은 늘 내게 조선의 금석문을 보내 달라고 요청했고, 내용도 물어보곤 했지. 나에게는 금석문 탁본은 어떻게 떠야 하는지, 크기는 어떻게 재야 하는지 등 금석문 연구에 필요한 지식을 알려 줬단다. 그렇게 나도 금석문에 점차 관심을 가지게 된 거란다. 무엇보다 우리 금석문을 남의 손에 맡겨 놓고 지켜보기만 할 수는 없었고."

"그 첫 결실이 바로 북한산에 있던 진흥왕순수비였고요."

"금석학의 중요성을 제대로 깨달을 수 있었던 실질적인 결과물이었지."

"저도 북한산에 직접 올라 진흥왕순수비를 찾아봤어요. 옆면에 새겨진 선생님의 글씨도 봤고요. 선생님이 남긴 글씨는 너무 어려워요. 지금 사람들도 따라 쓰기가 어렵다고 해요."

"사실 내 글씨는 평생 변화에 변화를 거듭했단다. 처음에는 나도 옛사람들의 글씨를 따라 쓰면서 모방했다. 그러다 점점 나만의 글씨를 쓰기 시작했지. 제주도와 북청으로 유배 갔을 때 글씨 공부를 많이 했단다."

"원래 사람은 나이가 들면 정착하기 마련인데 선생님은 나이가 많이 들어서도 글씨가 계속 변했잖아요. 그게 신기해요."

"허허, 푸르메가 아주 영리하구나. 선인들도 어느 정도 나이가 들면 자신의 글씨를 정하고 변화시키지 않았지. 하지만 나는 멈출 수 없었단다. 내가 모델로 삼았던 서한 시대 글씨가 많이 남아 있지 않았기 때문에 연구에 매달리면서 글씨를 만들어 나갔지. 그러니까 사람들이 추사체라고 부르는 내 글씨는 완성된 게 아니란다. 내가 좀 더 살았더라면 글씨는 또 변했을 테니 말이다."

"선생님의 열정이 존경스러워요. 그런데 왜 말년에 선생님의 저술들을 불태워 버리셨어요? 선생님의 좋은 글들을 지금도 볼 수 있다면 좋았을 텐데……."

"경학에 관한 글을 남겨 봤자 내가 죽은 다음에도 욕하는 사람이 많을 거라고 생각했단다. 어차피 그들과 내 생각은 달랐으니까. 굳이 글을 남겨서 그들에게 공격할 빌미를 제공할 필요는 없었지."

"그래도 선생님의 자료들이 전해졌더라면 우리 후손들이 선생님의 글씨를 비슷하게라도 따라 쓸 수 있었을 텐데요."

"내 글씨는 흉내 내서 쓸 수 있는 게 아니란다. 구방고와 같은 안목이 있어야 가능한 일이지."

"구방고요?"

김정희 선생은 푸르메의 질문에 웃으며 구방고에 관한 이야기를 들려주었다.[38] 이야기를 다 들은 푸르메가 말했다.

"선생님이 오래 살았으면 추사체가 완성됐을까요?"

"글쎄, 그건 나도 알 수 없단다. 더 많은 작품을 남겼을 거고, 그럼 후학들이 추사체를 배우기에는 좀 더 쉬워졌을지도 모르지. 하지만 나는 후대 사람들이 내 글씨를 무작정 따라 쓰는 걸 원하지 않았다. 자신의 글씨를 써야지 남의 글씨를 따라 쓰는 게 무슨 의미가 있을까. 미완으로 남겨 둬야 후학도 할 일이 있을 테고."

"선생님이 그림에 몰두한 건 어떤 이유였나요?"

"그림 역시 당시 조선에서 배척받던 학문이었단다. 조선에서는 선비가 글씨나 그림에 빠지는 걸 달가워하지 않았지. 완물상지(玩物喪志)라고 해서 선비로서의 큰 기상을 잃는다고 여겼어. 반면에 당시 중국의 상황은 완전히 달랐단다."

"어떻게 달랐는데요?"

"선비들이 모이면 시를 짓고 글씨를 썼지만 그림까지도 그렸지. 그런 상황이 너무도 자연스러웠단다. 누구도 욕하지 않았고 오히려 그런 문화를 부러워했다. 그들에게는 글씨도 학문이고 그림도 학문이었어. 이게 바로 학예일치(學藝一致)란다."

"아! 그렇지만 조선에서는 선비가 그림 그리는 게 일반적이지 않았다는 말씀이시죠?"

"특히 사대부 중에는 많지 않았지. 조선에서 그림을 그리는 사람들은 대부분 중인(中人)이었고, 그래서 그들에게 그림을 가르쳤던 거야. 당연히 나의 제자들 중에는 중인이 많았단다."

"중인이요? 양반이 아니고요?"

"푸르메 혹시 정조 임금을 알고 있니?"

"네, 학교에서도 공부했고 TV에서 사극으로도 봤어요."

"그분은 훌륭한 임금이셨지. 뛰어난 학자이기도 했고. 조선에서 세종대왕과 함께 학문을 가장 사랑한 임금이었단다. 정조 임금은 중인을 아주 중시했지."

"왜요?"

"당시에 중인은 문과나 무과에 합격에서 관직에 나가기가 어려웠단다. 하지만 관직에 나가는 길이 아주 없었던 건 아니었어. 중인은 기술직으로 진출할 수 있었지. 의사나 통역관 같은 사람들 말이다. 그중 그림을 그리는 화원(畵員)이나 글씨를 쓰는 사자관(寫字官)도 있었다."

"정조 임금님이 그런 사람들을 채용하신 거네요?"

"그들은 모두 전문가였기 때문에 그들의 능력을 마음껏 발휘할 수 있게 만들어 준 거야."

"와! 저는 몰랐어요. 옛날에도 전문가가 있었다니."

"당연히 모든 분야마다 전문가가 있었지."

"그런데 왜 우리는 양반들만 기억할까요?"

"역사를 잘못 가르쳐서 그래. 물론 당시 사회에도 문제가 있었고. 사실 정조 임금이 돌아가신 뒤로 조선은 혼란스러웠단다. 워낙 뛰어난 분이었기 때문에 신하들이 임금의 말을 잘 들었지. 정치도 잘 이루어지고 경제도 좋았단다. 정조 임금이 돌아가신 뒤로 등극하는 임금들이 나이가 어렸던 게 문제였지."

"순조, 헌종, 철종, 고종 말이죠?"

"그래, 임금이 나이가 어리니 외척이나 신하들이 권력을 가지게 됐단다. 세도정치였지. 게다가 민란도 일어나고 다른 나라가 침입하는 일도 발생했지. 위정자들은 나라가 어지럽고 위태롭다고 판단해 백성들을 통제한다는 명목으로 관리를 늘려 나갔단다. 급여도 제대로 주지 못했는데 말이다."

"나라에 돈도 없는데 관리들만 늘려서 백성들을 억눌렀네요."

"그런 셈이지. 사실 정조 임금이 돌아가신 뒤에 백성들은 점점 자신들의 목소리를 내기 시작했단다. 정조 임금 시대를 거치면서 중인을 비롯한 민간의 지식인들이 늘어났거든."

"양반들 말고도 지식인들이 많아진 거네요? 그건 좋은 현상이잖아요."

"하지만 나라의 일자리는 정해져 있고 대부분 양반들이 차지하고 있으니 여전히 양반이 아니면 기술직이 아닌 관직은 꿈도 꿀 수 없었단다."

김정희 선생은 탄식을 쏟아 내며 말을 이었다.

"난 정조 임금께서 길러 낸 전문가들이 제대로 쓰이지 못한 게

항상 아쉬웠단다. 어쨌든 새로 생겨난 지식인들 덕분에 민간 문화가 발전했지."

"그분들의 역할이 컸군요."

"한 사회에서 전문가 집단은 무척 중요하단다. 그런데 지금도 제대로 된 전문가는 많지 않아 보이는구나."

"훌륭하신 분이 많잖아요. 박사님도 많고……."

"겉으로야 그렇지. 내가 말하는 전문가는 보이는 걸 잘 설명만 하는 사람이 아니라, 보이지 않는 걸 미리 볼 수 있는 사람이란다. 통찰력 있는 사람이지."

"어렵네요……."

"진짜 전문가는 남들 눈에 보이지 않는 걸 볼 수 있어야 한단다. 그건 보통 노력으로는 불가능하지. 학문에서뿐만 아니라 모든 분야에서 그렇다. 율곡 이이 선생은 임진왜란 이전에 왜적의 침략에 대비해 10만 병사를 양성해야 한다고 주장했지. 통찰력이 있었던 거지. 하지만 묵살됐고 우리는 참혹하고 혹독한 시련을 겪었다. IMF 외환위기 때만 해도 그렇지. 자칭 전문가라고 하는 사람들도 제대로 된 예측을 하지 못했어. 상황이 끝나고 나서야 왜 그런 상황이 발생했는지 설명하기 바빴지. 마치 자신은 그런 상황에 책임이 없다는 식으로 말이야. 지식인은 사회 문제로부터 절대로 자유로울 수 없단다. 그게 지식인의 의무거든."

"선생님의 말을 듣고 보니 정말 그래요. 요즘 사람들은 눈에 빤히 보이는 일에 대해서 당연한 이야기들만 해요."

"나는 평생 보이지 않는 걸 보기 위해 노력했단다. 그 결과물이 〈세한도〉와 추사체란다. 그래서 후대 사람들이 내가 남긴 작품을 감상할 때 눈으로 보이지 않는 부분까지 볼 수 있기를 바라는 거란다."

"어떻게 해야 보이지 않는 걸 볼 수 있어요?"

"모든 배움에는 길이 있고, 그 길을 찾는 게 제일 중요해. 집 주인을 만나려면 정해진 문을 거쳐 들어가야 하지. 그렇지 않으면 길을 잃고 주인을 만나지도 못한 채, 기둥이 몇 개 방이 몇 개 하며 떠드는 것이 돼. 목적지에 닿는 가장 좋은 길, '문경'을 찾아야 해. 이것이 내가 추구한 연구 방법론이었지. 나는 청나라 학문에서 시작해 거슬러 올라가며 공부해야 한다고 생각했단다."

"왜 문경의 시작을 청나라로 보신 거예요?"

"연행을 통해 깨달은 게 있었기 때문이야. 조선은 청나라를 오랑캐로 여기고 미개한 민족이라고 여겼단다. 직접 청나라 지식인들을 만나 보니 그게 아니었지. 특히 옹방강 선생을 만나면서 청나라 지식인들은 시서화뿐만 아니라 모든 학문의 핵심이 스승과 제자라는 관계를 통해 면면히 이어져 내려온다는 사실을 알게 됐단다. 모든 학문의 출발점이 당시 청나라 대가들을 배우는 데서부터 시작해야 한다는 걸 깨달았지."

"선생님의 그런 연구 방법은 지금도 유효할까요?"

"물론이지. 지금은 그 대상이 중국만이 아니라 전 세계로 확대됐다고 할 수 있어. 이때 중요한 건 외래문화에 대한 철저한 연구란다. 외래문화를 받아들이되 이를 우리 걸로 만들 것!"

"잘 알겠습니다!"

푸르메는 김정희 선생님께 큰절을 올렸다.

"푸르메! 저녁 먹어야지. 그만 일어나."

엄마가 흔들어 깨우는 소리에 푸르메는 눈을 떴다. 순간 김정희 선생의 모습도 사라져 버렸다. 그렇게 푸르메의 꿈은 미완으로 끝나고 말았다. 푸르메는 한동안 자리에서 일어나지 못했다. 김정희 선생과 작별 인사도 제대로 나누지 못한 게 못내 서운했다. 푸르메는 저녁 어스름이 밀려드는 창을 보며 꿈을 더듬어 보았다.

[38] 옛날 중국에 백락(伯樂)이라는 사람이 있었다. 그는 말의 관상을 잘 보기로 유명했다. 당시 말은 중요한 군수물자였다. 당연히 좋은 말을 고를 줄 아는 사람이 필요했다. 백락이 나이가 들자 자신을 대신해 말을 감별할 사람을 진나라 목공(穆公)에게 추천했다. 그 사람이 바로 구방고다. 백락이 구방고를 추천한 이유는 천리마를 감별할 수 있는 유일한 사람이라고 여겼기 때문이다. 그냥 좋은 말이라면 말의 골격이나 생김새 등을 통해 알 수 있지만, 최상의 말인 천리마는 그렇게 구분할 수 없었다. 보이는 부분이 아니라 보이지 않는 잠재력을 찾아낼 수 있어야 천리마를 알아낼 수 있기 때문이다. 백락은 자신의 자손들 중에는 그런 능력을 가진 사람이 없다며 자신의 친구 구방고를 추천한 것이었다.

부록

김정희 소개
(金正喜, 1786~1856)

김정희는 조선 후기를 대표하는 서예가이자 문인화가이며 경학 연구가다. 1786년 6월 3일 충청남도 예산군 신암면 용궁리에 있는 월궁(月宮)에서 태어났다. 영조 때 영의정을 지낸 김흥경(金興慶, 1677~1750)은 김정희의 고조부로, 아들 넷을 두었는데 막내아들 김한신이 영조의 둘째 딸인 화순옹주와 결혼해 월성위에 책봉됐다. 하지만 아들을 낳지 못하고 서른아홉의 젊은 나이에 사망하는데 이에 화순옹주 역시 따라 죽기를 결심하고 음식을 끊은 지 14일 만에 사망하고 만다. 월성위가 후사 없이 사망하자 월성위의 큰형 김한정의 셋째 아들 김이주에게 그 뒤를 이어 월성위 부부의 제사를 받들게 했다. 그러나 김이주의 큰아들 김노영 역시 아들을 얻지 못해 넷째 아들인 김노경의 아들 김정희가 월성위의 제사를 모신다는 명분하에 김노영에게 입적되어 월성위 부부의 제사를 받들게 됐다. 이로써 김정희는 명실상부한 조선 왕실의 일원이 된다.

김정희의 학문과 예술은 젊은 시절 청나라 유학을 통해 그 기틀이 마련됐다. 1809년 11월, 청나라에 사신으로 가는 부친 김노경을 따라나서면서 시작된 김정희와 청나라 문사들의 교유는 이후 김정희를 북학의 최고 연구자로 성장시킨다. 김정희는 연경에서 자신의 일생을 결정짓는 두 명의 스승을 만나게 되는데, 바로 옹방강과 완원이다. 이들은 당시 청나라에서도 손꼽히던 명사였다. 특히 옹방강과의 만남은 김정희의 일생을 결정지었다. 김정희는 그동안 공부해 온 것들에 대해 질문하고, 옹방강과 완원은 수많은 서적과 진귀한 서화, 금석문을 김정희에게 보여 주었다. 김정희는 마음껏 감상하면서 안목을 넓힐 수 있었고, 그의 인생에서 이보다 더 큰 행운은 없었다. 김정희는 연경에서 자신이 평생 공부해야 할 학문의 윤곽을 알게 되었다. 귀국한 뒤에도 편지를 통해 옹방강과 완원에게 편지로 가르침을 청했다. 특히 옹방강은 김정희의 편지를 받을 때마다 학문적 갈증을 조목조목 풀어 주었다.

김정희는 1809년 11월에 생원시에 합격했다. 하지만 조선으로 돌아온 김정희는 대과를 보기 위한 과거 공부 대신에 연경에서 만난 옹방강과 완원에게 편지를 보내 가르침을 청하며 북학 연구에 몰두했다. 이는 옹방강이 사망한 1818년까지 지속됐다. 이후 김정희는 다시 과거 공부에 매진하고 다음 해인 1819년에 문과에 급제했다. 이로써 김정희의 벼슬살이가 시작됐다. 그러나 김정희 집안은 정치적으로 성공하지 못했다. 아버지 김노경은 윤상도 옥사에 연루되어 1830년 10월에 전라도 고금도에 유배를 당해 1833년 9월에 풀려난다. 이후 윤상도 옥사가 재론되면서 김정희 역시 1840년 9월에 제주도로 유배를 당해 1848년 12월에야 풀려난다. 한양에 돌아온 뒤에도 김정희는 관직에 복귀하지 못했는데, 1851년 7월에는 다시 함경도 북청에 유배됐고 다음 해 8월에야 풀려나 과천으로 돌아왔다. 이곳에서 여생을 보낸 김정희는 1856년 10월 10일에 사망했다.

김정희의 진가는 학문과 예술 분야에서 빛을 발한다. 김정희는 고증학 연구의 대가로서 조선에 금석학을 정착시켰다. 김정희 이전까지 조선에서 금석문은 서예 학습의 교범이나 감상의 대상이었으나 김정희의 연구를 거치면서 하나의 학문으로 자리 잡았다. 특히 북한산에 있던 비석이 신라 진흥왕의 순수비라는 사실을 고증해 냄으로써 김정희의 명성은 청나라에까지 알려진다. 금석문 연구는 한나라 예서를 바탕으로 한 추사체가 출현하는 계기가 되기도 했다. 김정희는 중국과 우리나라의 옛 글씨를 연구해 추사체를 창안했는데, 그 핵심은 중국 서한 시대의 글씨를 구현하는 데 있다. 김정희는 서한 시대의 글씨야말로 모든 서체의 뿌리라고 여겼지만, 당시에 전하는 서한 시대의 글씨는 100여 자에 불과했다. 김정희는 오랜 연구를 통해 서한 시대 글씨의 특징을 알아냈고, 마침내 전하지 않는 글씨까지도 쓸 수 있게 됐다. 단순히 옛날 글씨를 모방한 게 아니라 창조적인 글씨라고 할 수 있는 추사체는 처음 보는 서체였지만 각 글자에는 명확한 근거가 있었다. 따라서 추사체는 글씨에서 '법고창신(法古創新)'을 실현한 고증학의 정수라고 할 수 있다. 또 김정희는 시 이론도 깊이 연구하고 옹방강의 시 이론을 조선에서 유행시켰다. 그의 고증학은 그림에도 적용되어 〈세한도〉, 〈불이선란(不二禪蘭)〉 등을 남겼다.

김정희가 말년에 자신의 글과 책을 두 번에 걸쳐 불태워 버리면서 체계적인 저술은 남아 있지 않다. 그의 사후에 제자들이 그의 편지글과 시를 모은《완당척독(阮堂尺牘)》,《담연재시고(覃揅齋詩藁)》를 간행했고, 이를 합치고 개편한《완당집(阮堂集)》을 간행했다. 1934년에는 이를 종합하고 증보한《완당선생전집(阮堂先生全集)》이 간행됐다. 김정희가 직접 간행한 저서로 현재 전해지고 있는 것은 두보의 7언절구를 모은《시암녹정두소릉칠언절구(詩盦錄定杜少陵七言絶句)》, 금석학 분야에서 진흥왕순수비를 연구한《예당금석과안록(禮堂金石過眼錄)》, 7개의 비문을 연구한《해동비고(海東碑攷)》가 있다. 김정희는 완원이 직접 편찬한《황청경해(皇淸經解)》및 옹방강의 저술 등을 통해 경학도 깊이 연구했으나 관련 저술은 전해지지 않는다.

김정희 생애

● 1786

6월 3일, 충남 예산군 용산(龍山) 월궁에서 출생.

● 1800

15세, 한산 이씨와 혼례를 올림.

● 1801

16세, 모친 기계 유씨 사망함.

● 1805

20세, 첫 번째 부인 한산 이씨 사망함.

● 1808

23세, 두 번째 부인 예안 이씨와 혼례를 올림.

● 1809

24세, 10월 28일 부친 김노경 사행 출발. 김정희는 과거(科擧)일 때문에 11월 1일에 출발. 11월 9일 생원시 합격 발표됨.

● 1810

25세, 연경에서 옹방강, 완원 등 청나라 학자들과 만나 교유함. 3월 17일 귀국함.

● 1816

31세, 7월 김경연과 진흥왕순수비를 찾음.

● 1817

32세, 4월 하순~5월 초 보름간 부산과 경주 답사함. 6월 8일 조인영과 진흥왕순수비 68자를 확인하고 비석 측면에 글자를 새김.

● 1818

33세, 1월 27일 스승 옹방강 사망함.

● 1819

34세, 4월 30일 문과에 급제함.

● 1826

41세, 6월 24일 충청우도 암행어사가 됨.

● 1827

42세, 예조참의가 됨.

● 1828

43세, 병조참의가 됨.

● 1830

45세, 10월 8일 부친 김노경이 고금도에 유배됨.

● 1833

48세, 9월 22일 부친 김노경이 유배에서 풀려남.

● 1836

51세, 4월 성균관 대사성에 임명됨. 7월 병조참판이 됨.

● 1837

52세, 3월 30일 부친 김노경 사망함.

● 1840

55세, 7월 10일 윤상도 옥사 재론됨. 7월 12일 김노경 삭탈관작됨. 8월 11일 윤상도 능지처참됨. 8월 20일 예산 향저에서 김정희 나포되어 한양으로 압송됨. 9월 제주도에 위리안치 하라는 전교 내림. 10월 제주도 대정현 유배지에 도착함.

● 1842

57세, 11월 13일 두 번째 부인 예안 이씨 사망함.

● 1844

59세, 〈세한도〉 그림.

● 1848

63세, 12월 7일 제주도 유배에서 풀려남.

● 1849

64세, 11월 27일 스승 완원 사망함.

● 1851

66세, 7월 22일 함경도 북청에 유배됨.

● 1852

67세, 8월 13일 유배에서 풀려남.

● 1856

71세, 10월 10일 과천 하손전사(下潠田舍)에서 사망함.

● 1867

김정희의 시문을 모은 《담연재시고》, 《완당척독》 간행됨.

● 1868

김정희의 시문을 모은 《완당집》 간행됨.

● 1934

김익환이 《완당선생전집》 간행함.

읽고 풀기

1. 김정희는 왜 그토록 연행을 가고 싶어 했나요? (1장 참고)

2. 김정희가 연경에서 만난 두 명의 스승은 누구인가요? (2장 참고)

3. 연행은 김정희 일생에 어떤 영향을 미쳤나요? (2장 참고)

4. 김정희는 왜 금석학이 중요하다고 생각했나요? (3장 참고)

5. 김정희는 왜 〈세한도〉를 그렸나요? (4장 참고)

6. '세한'에는 어떤 의미가 담겨 있나요? (4장 참고)

7. 추사체는 어떻게 만들어졌나요? (5장 참고)

8. 왜 우리는 김정희에 대해 공부해야 하나요? (5장 참고)

읽고 풀기 답

1. 김정희 시대에는 청나라에 가는 사신단을 따라가 연경을 유람하고 오는 일이 크게 유행했습니다. 김정희는 젊은 시절부터 박제가 등을 통해 연경의 지식인과 분위기에 대해 들었습니다. 특히 옹방강의 존재를 알게 된 김정희는 옹방강을 만나 궁금한 것을 마음껏 묻고 싶어 했습니다. 연행을 통해 청나라의 학문과 예술을 배우고, 청나라 지식인들과의 교유를 통해 학문적 호기심을 해결하고 싶었던 것이었습니다.

2. 김정희는 연행에서 많은 청나라 지식인들과 교유했습니다. 그중 옹방강과 완원은 김정희에게 가장 많은 영향을 준 스승이 됐습니다. 김정희의 별호인 보담재와 완당은 각각 옹방강과 완원의 제자라는 것을 의미합니다.

3. 김정희의 연행은 그의 일생에 여러 가지 영향을 주었습니다. 먼저 당시 최고의 청나라 학자 두 명을 스승으로 삼고 청나라 학문과 예술을 배울 수 있었습니다. 이를 통해 금석학을 본격적으로 연구해 조선에 새로운 학문으로 자리 잡게 했고, 완원의 영향을 받아 추사체라는 새로운 서체를 창안했습니다. 〈세한도〉 역시 연행에서 시작됐고, 고증학 역시 연행을 통해 조선에서 유행했습니다.

4. 금석학은 역사학의 한 분야로, 금석문에 새겨진 글을 통해서 역사의

오류를 바로잡기도 하고 역사책에 누락된 기록을 보충하기도 합니다.

하지만 당시 조선에서는 금석문을 감상의 대상이나 서법의 교범 정도로만 여겼습니다. 김정희는 북한산 비봉에 무학대사비로 전해 오던 비석을 연구해 진흥왕순수비라는 사실을 밝혀냄으로써 역사책에 누락된 중요한 역사적 사실을 보충할 수 있었습니다. 이를 통해 금석학의 중요성이 대두됐고 조선에서도 금석학이 학문으로 자리 잡았습니다.

5. 제주에 유배된 김정희는 힘든 나날을 보냈습니다. 많은 사람이 김정희를 모른 척 했으나 제자 이상적은 김정희를 이전과 똑같이 대했습니다. 특히 귀한 책들을 중국에서 구해 와 제주까지 보내 주기도 했습니다. 그의 정성에 보답하고 싶었던 김정희는 〈세한도〉를 그려 이상적에게 주었습니다.

6. 《논어》 〈자한〉 편에는 '세한연후지송백지후조'라는 구절이 있습니다. '세한'은 바로 여기서 따온 말입니다. '세한'이란 추운 계절, 즉 겨울을 가리키며 '후조'는 시들지 않는다는 말입니다. 이 말은 '겨울이 되어서야 소나무와 잣나무가 시들지 않는 것을 알게 된다'는 의미입니다. 여름에는 모든 나무가 푸르기 때문에 겨울이 되어서야 잎이 지지 않는 나무를 알 수 있게 된다는 뜻입니다. 어려운 시기를

겪어야만 그 사람의 진짜 마음을 알 수 있다는 의미가 담겨 있습니다.

7. 김정희의 스승 완원이 쓴 〈남북서파론〉과 〈북비남첩론〉을 읽은 김정희는 새로운 서체를 개발하기 위해 연구를 거듭했습니다. 서한 시대의 글씨가 서체의 정수라고 생각한 김정희는 서한 시대의 글씨를 구현해 내는 데 열성적이었습니다. 그 결과 서한 시대 글씨의 특징을 알아냈고, 마침내 전하지 않는 글씨까지도 쓸 수 있게 되면서 추사체가 탄생했습니다.

8. 김정희는 금석학과 서화 분야에서 새로운 경지를 개척한 인물입니다. 역사에 대한 끊임없는 탐구와 해석, 그 과정에서 얻은 정수를 되살리는 데 일생을 바쳤습니다. 특히 외래문화를 김정희처럼 창조적으로 해석한 다음 우리의 정신을 담아낸 인물을 우리 역사에서는 쉽게 찾아볼 수 없습니다. 단순히 외국 문화를 개방적으로 받아들이는 것에서 끝내지 않고 이를 주체적으로 수용해 우리식으로 재해석해 냈습니다.